MW01710130

Mauvais rôle

Biographie

Après une carrière artistique dans le domaine de la communication, de la photo et du cinéma, David Hudson est devenu romancier. Il est l'auteur sous divers pseudonymes de soixante livres pour la jeunesse, dont plus de la moitié chez Bayard : ouvrages historiques, récits fantastiques, romans d'aventure et romans d'amour.

3, rue Bayard, 75008 Paris
ISBN : 2 7470 1749 4
Dépôt légal : septembre 2005
Loi n°49 956 du 16 juillet 1949 sur les publications destinées à la jeunesse.

DAVID HUDSON

Art School

Mauvais rôle

BAYARD JEUNESSE

Avertissement

Si tu aimes le chant, la danse, la musique,
le théâtre ou le cinéma,
ce livre est fait pour toi.
Découvre les coulisses de l'**Art School,**
l'académie des arts du spectacle
la plus prestigieuse de Paris,
où des élèves talentueux travaillent
avec acharnement pour atteindre la perfection.
Leur objectif : devenir des artistes reconnus !

Chapitre 1

Marion Revzany gravit lestement l'escalier circulaire, dont les marches triangulaires perçaient l'immense bâtiment depuis le grand hall de réception jusqu'au dernier niveau, une terrasse fleurie baptisée Jardin du ciel. L'Art School, académie des arts du spectacle qui occupait les lieux, toute en transparence et en lumière, semblait appartenir au ciel, et Luc Violès, comédien et poète de quatrième année, prétendait que, sans cette vis de fer qui la retenait à la Terre, l'Art School s'envolerait dans l'espace.

Pour Marion, ce jour-là était particulièrement lumineux, car elle s'attendait à obtenir le rôle de ses rêves : celui d'Ariane, l'héroïne d'une comédie musicale intitulée *Minos*.

L'Art School, financée par la nouvelle société de production qui lui était associée, Art Prod, consacrait un budget très important à ce spectacle. *Minos* serait l'événement artistique de l'année, et Ariane était le rôle le plus envié. « Ariane, Marion, les deux noms sont faits l'un pour l'autre », pensa-t-elle. Sa certitude de décrocher le rôle n'était pas présomptueuse, car la jeune fille était la meilleure danseuse, la plus jolie voix et la comédienne la plus douée de sa promotion. Ariane risquait d'être l'apothéose de quatre années de succès et le début d'une brillante carrière.

Toujours la lumière !

Elle s'arrêta au troisième étage et marcha vers la grande verrière dominant Paris, consciente d'attirer les regards. Si sa minceur lui donnait un air fragile, ce n'était qu'une illusion, renforcée par la douceur et la grâce de chacun de ses mouvements. En réalité, Marion pouvait résister sans trace de lassitude aux interminables journées de travail imposées par l'académie. Sa beauté et sa fraîcheur restaient intactes.

– Jolie, ta robe, apprécia Cyril Maillard, un *art director* de l'atelier des décors.

Elle plissa son nez, petit et délicat :

– Pas trop mini ?

– Jamais trop !

« Difficile de dessiner un corps aussi beau », pensa-t-il. Marion sourit, bien que ces compliments ne fussent guère à son goût. Les décors de Cyril étaient heureusement plus inspirés que son humour.

– Alors, c'est le grand jour ? dit Mélanie Forestier, son amie et éternelle rivale.

Les deux filles s'embrassèrent.

– Il paraît, murmura Marion en affectant l'indifférence.

Pour tous les étudiants de l'Art School, elle partait gagnante. Durant les auditions, elle avait été éblouissante. Ses compagnes attendaient l'attribution des onze autres rôles, celui d'Ariane lui étant acquis.

– Ça se passe dans la petite salle ? demanda-t-elle pour la forme.

– Dans l'auditorium, je crois.

– Quelle cérémonie !

– C'est important... pour toi, dit Mélanie.

C'était une jolie fille, blonde et gracile, subjuguée par le talent de Marion, qui réussissait dans tous les domaines avec une extrême facilité, alors qu'elle-même était obligée de faire des efforts désespérés pour être à son niveau.

Mue par une de ces impulsions dont elle était coutumière, Marion embrassa Mélanie. La jeune fille pouffa nerveusement :

– Tout à l'heure, les effusions !

– Ce n'est pas une effusion, mais une fusion, lança Marion en riant. Toi et moi, on est sœurs jumelles, à force de souffrir ensemble.

– J'aimerais bien, soupira Mélanie.

– Moi aussi, dit Éric Delaney en tendant la joue.

Éric était excellent guitariste, et il savait chanter comme personne des ballades irlandaises. Il avait une forme de cynisme non dénué de charme. Marion passa le revers de sa main sur le visage du garçon hérissé d'une barbe de trois jours :

– Tu piques trop !

– Demain, je me rase.

– Demain, il sera trop tard, chantonna-t-elle.

– *Shame on you*, reprit-il d'une voix de basse.

À ce moment, Laurent Vidal et Armèle Janovitch interrompirent leur duo pour convoquer les étudiants dans l'auditorium. Laurent enseignait la composition musicale et la pratique instrumentale. Il était l'initiateur du projet *Minos*. Armèle, professeur de danse contemporaine, avait conçu la chorégraphie.

Une fois les étudiants installés à leurs places, Armèle prit la parole :

– M. Vidal, Mme Visconti, votre professeur de chant, et moi-même avons longtemps hésité avant de sélectionner les quarante étudiants, musiciens, chanteurs et danseurs, qui vont faire partie de la troupe de *Minos*. Il y a parmi vous de nombreux talents qui ont rendu le choix difficile. J'espère que le résultat ne sera pas trop décevant pour certains.

Il sembla à Marion que le regard du professeur s'attardait sur elle, et le cœur de la jeune fille s'affola. Mais Armèle lui sourit, et elle reprit confiance.

– Comme vous le savez, votre directrice, Mme Ferrier, et son directeur artistique, M. Masur, attachent beaucoup d'importance à ce spectacle, aussi est-il inutile d'insister sur la responsabilité de ceux que nous allons désigner. Cela implique beaucoup de travail ajouté à la lourdeur des programmes. Il n'est pas honteux de refuser un rôle aujourd'hui. Il serait par contre préjudiciable à l'ensemble de la troupe d'y renoncer à quelques jours du spectacle. Celui-ci doit avoir lieu en principe le 14 mai.

Après ce bref préambule, elle céda la parole à Laurent pour la proclamation des candidats.

– Mélanie Forestier sera Ariane ; Jérémy Olméta, Thésée ; Loana Marlot…

Marion n'écoutait plus. À côté d'elle, Mélanie pressait les mains sur son visage pour contenir sa joie. Puis elle se tourna vers son amie, incrédule, avec l'impression qu'on avait commis une erreur : Marion était tellement plus douée qu'elle !

Sentant les regards posés sur elle, Marion se força à sourire. Certaines étaient satisfaites de la voir écartée, pour une fois, des premiers rôles. Elle imagina leurs propos : « Ça lui fera les pieds, elle qui se prend toujours pour la reine, avec ses airs hautains et sa douceur de chatte ! »

Surtout ne pas offrir à ces garces le spectacle de son dépit. Elle serra Mélanie dans ses bras et l'embrassa comme elle l'avait fait quelques instants auparavant.

– Ce n'est pas juste, murmura Mélanie.

– Qu'est-ce que tu racontes ? gronda Marion. Je suis sûre que tu seras parfaite.

Autour d'elles, ceux qui avaient été désignés discutaient bruyamment. Marion n'avait pas entendu un seul de leurs noms.

– Il aurait mieux valu que tu sois Ariane et moi, Auréa.

– La servante ? Pourquoi ?

– Ce sera ton personnage, Marion, intervint Armèle en se mêlant à leur conversation. Les rôles sont bien ainsi, inutile d'inverser. Mélanie sera une Ariane parfaite. Elle en a la fraîcheur et l'innocence. Auréa est plus âgée, plus femme. C'est l'incarnation de la déesse Artémis, un rôle en or pour Marion.

« Un rôle secondaire ! Pour qui me prend-elle ? » s'indigna la jeune fille.

– Vous voulez vraiment me confier le rôle d'Auréa ?

– Tu n'as pas entendu Laurent ?

– Je bavardais avec Mélanie.

Depuis son entrée à l'Art School, Armèle s'était heurtée à son élève. « Elle ne peut pas me sentir, songea Marion. C'est pour m'humilier qu'elle m'a attribué ce rôle minable. Comment Laure Visconti a-t-elle pu la laisser faire ? »

Elle secoua la tête d'un air désolé :

– C'est impossible ! Non, Auréa, je ne peux pas.

Armèle fronça les sourcils :

– On compte sur toi, Marion, tu ne peux pas laisser tomber tes amis.

Marion lui adressa un sourire désarmant :

– Rappelez-vous vos paroles : il n'est pas honteux de refuser un rôle aujourd'hui. Je préfère vous avertir tout de suite.

– Tu sais très bien que je faisais allusion à ceux qui ne se sentent pas à la hauteur. Ce n'est pas ton cas !

Elle prit Laurent à témoin :

– Elle refuse le rôle d'Auréa !

– En quel honneur ?

« En quel déshonneur ! » jubila Marion.

– Tu es venue aux auditions, pourtant, et tu étais l'une des plus enthousiastes.

– Oui, mais entre-temps j'ai commencé à

travailler sur un autre projet. Je n'aurai pas assez de temps à consacrer à *Minos*. C'est pourquoi j'ai été soulagée d'apprendre que vous aviez choisi Mélanie. Je suis heureuse pour elle !

Elle avait pris sa voix de velours, mais les deux professeurs n'étaient pas dupes de la véritable raison de son refus.

– C'est quoi, ce projet ? demanda Laurent d'un ton bourru.

– Il est encore trop tôt pour vous en parler, dit Marion avec modestie. Ce n'est qu'une ébauche. Mais le thème est intéressant.

– Ça concerne la danse ? intervint Armèle.

Marion éclata d'un rire joyeux :

– La danse, le chant, la comédie. Jason Masur nous a demandé de laisser exploser notre créativité, quitte à ramasser les morceaux. C'est ce que je veux faire.

Le visage d'Armèle se crispa :

– J'espère que tu daigneras me tenir au courant !

– Bien sûr, j'aurai besoin de vos conseils à tous les deux.

Armèle et Laurent se regardèrent, sceptiques. Visiblement, ils ne s'attendaient pas à son refus. Marion jouit de leur embarras. Ils étaient furax, mais ne pouvaient pas s'opposer à sa décision : si jamais leur spectacle n'était pas à la hauteur, Jason Masur leur reprocherait certainement d'avoir exclu leur meilleure élève. Elle priait le ciel qu'il en soit ainsi.

Tandis que les deux jeunes professeurs discutaient à voix basse, Marion prit gaiement la main de Mélanie :

– Viens, on va fêter ça !

Hors de l'auditorium, Mélanie l'arrêta, soucieuse :

– C'est bien vrai, cette histoire de projet ?

– Mais oui !

– Tu ne m'en as jamais parlé. Et puis, tu tenais tellement au rôle d'Ariane !

Marion lui caressa les cheveux :

– Un rôle sublime, et qui te convient parfaitement.

– Ça reste à voir ! soupira Mélanie.

– Ils ne t'ont pas choisie par hasard... Fraîche, pure, innocente...

– Tu te fiches de moi !

– Moi ? dit Marion d'un air candide.

– Peste ! s'exclama Mélanie en riant.

– Allez, un petit chocolat, et je me sauve !

Installées à la cafétéria de l'Art School, située en rez-de-jardin, près de l'atelier des décors, elles poursuivirent leur conversation à l'écart des autres. Marion parla très librement de la mise en scène et de la chorégraphie. *Minos* avait l'avantage d'exister. Ce n'était pas un pur produit de l'académie, comme la plupart des spectacles d'étudiants, mais une comédie musicale qui avait triomphé à Broadway. La musique de Milstein et les paroles de Graham étaient remarquables. L'Art School possédait deux versions filmées du spectacle. Marion les avait visionnées minutieusement. Elle avait étudié le personnage d'Ariane durant des heures sans le dire à personne. Un rôle écrasant. Moins difficile cependant que celui qu'elle était en train de jouer en affectant devant sa rivale la sérénité et la bonne humeur…

Au bout d'un quart d'heure, elle se leva :

– Il faut que j'aille bosser !

– Tu ne répètes pas *Les enfants terribles* ? s'étonna Mélanie.

– Pas ce soir, non, je dois avancer mon projet.

Les deux amies s'embrassèrent. Mélanie semblait soulagée. Marion souriait, attendrie. Elle s'effondra dans le métro qui la conduisait des Buttes-Chaumont, où s'élevait le bâtiment de l'Art School, jusqu'à République. Ses parents, Marc et Ludmilla, étaient venus depuis peu habiter ce quartier qu'elle détestait. Elle regrettait leur ancien logement de la butte Montmartre, l'immeuble passablement délabré, mais romantique, où le poète Joseph Delvaux avait vécu jadis.

Leur nouvel appartement était luxueux, entouré d'espaces verts entretenus avec soin. Marion entra, embrassa sa mère, répondit vaguement à ses questions, puis, prétextant son travail, elle s'enferma dans sa chambre. Là, elle se laissa tomber sur son lit. Son oreiller étouffa ses sanglots. Quelles que soient les raisons invoquées par Armèle, rien ne justifiait son choix. Rien, sinon la jalousie d'Armèle. Marion était toujours la première, aussi bien dans les matières classiques que dans les disciplines artistiques. Tous les profs la citaient en exemple.

« Il faut aussi donner sa chance aux autres », répétait Armèle lorsque Marion se proposait pour tous les exercices imposés et les travaux supplémentaires. La jeune fille avait cédé sa place sans regret à ses camarades, au théâtre en particulier, dans *Électre, Roméo et Juliette* et *La fille de Mars*. Mais, avec Armèle, ces exclusions devenaient systématiques. *Minos* en était la confirmation. La comédie musicale était une chance unique de démontrer l'étendue de ses talents, et elle devait avoir lieu en présence des responsables d'Art Prod, de critiques musicaux, de producteurs et d'agents. L'audition rêvée !

À présent, ce beau rêve était en miettes.

Marion refusa de dîner et de quitter sa chambre. Le désespoir la tourmenta une partie de la nuit. Elle s'assoupit au petit matin. Quand elle s'éveilla, après quelques heures de sommeil, elle se trouva affreuse, le visage blême et les yeux cernés. Elle pensa : « Si les autres te voient ainsi, tu es finie ! »

Elle prit une douche, mit un survêtement et sortit. Le jour était à peine levé ; l'air était vif. Elle fit quinze fois le tour du parc en courant. Quand elle rentra, à bout de souffle, le concierge lui lança un regard admiratif :

– Vous êtes bien courageuse !

« Courageuse, non, mais déterminée ! » Dans l'appartement, elle rencontra ses parents qui se levaient. Elle lança :

– J'ai une faim de loup !

Son père se mit à rire :

– Avec toi, les baisses de forme ne durent jamais très longtemps !

Il ne croyait pas si bien dire. Finies, les jérémiades. Elle était décidée à se battre, à montrer à tous ce qu'elle valait réellement. Tandis qu'elle courait, le projet évoqué la veille avait pris corps ; elle savait comment en faire une réalité.

Mais, d'abord, être belle ! Elle coiffa avec soin ses longs cheveux, mit un soupçon de rimmel sur ses yeux et de la crème bonne mine sur son visage. Puis elle enfila un jean et un pull moulants.

Sa tenue de combat.

Chapitre 2

– Marion, attends-moi !

Rémy courait dans la montée des Buttes-Chaumont, hagard, écharpe et mèche au vent, comme s'il craignait de laisser échapper sa dernière chance.

« Tu parles d'une chance ! » soupira la jeune fille. Rémy Roussel était beau et plutôt gentil à ses heures, mais il manquait de personnalité et avait une fâcheuse tendance à rabâcher toujours les mêmes choses. Marion se demandait pourquoi elle sortait avec lui depuis trois mois. À part le plaisir de quelques baisers furtifs, il ne lui apportait pas grand-chose, sauf une irrésistible envie de bâiller.

– Tu n’es pas venue, hier soir, à la répétition des *Enfants terribles*.

Elle sourit avec ironie :

– Tu as remarqué ?

– Je voulais dire… Enfin, je voulais que tu saches… C’est vraiment injuste !

– Que j’aie séché la répétition ?

Il la dévisagea, décontenancé. En plus, il était imperméable à l’humour. Cependant, il s’attarda sur la silhouette de Marion. « Ravissante ! » dirent ses yeux. Un bon point pour lui !

– Tu es la meilleure, et de très loin, tout le monde le sait. Ils n’avaient pas le droit de te faire ça. Tu comptais tellement sur ce rôle ! Qu’est-ce que tu vas faire ?

– D’abord, entrer dans le hall, si tu permets, je suis glacée !

Il bredouilla quelques mots d’excuse et la précéda à grands pas vers le perron de l’école. Le pâle soleil du petit matin hivernal transformait les murs de verre en cascades d’argent.

– Choisir Mélanie, quand même ! reprit-il lorsqu’ils furent à l’abri. Elle est mignonne, d’accord, mais, entre nous, elle n’a rien d’une créature divine.

– Tu dis n’importe quoi ! le tança-t-elle. Je te signale qu’Ariane n’est pas une divinité. Son père, Minos, a beau être le fils de Zeus, c’est un homme comme toi, enfin, la taille au-dessus.

– C'est beau, l'amitié ! soupira-t-il.

Elle détesta son air apitoyé :

– Arrête avec *Minos* ! Pour commencer, je ne voulais pas du rôle, j'ai d'autres projets.

Ce fut au tour du garçon de faire preuve d'ironie :

– Si tu le dis !

« De quoi se mêle-t-il, à la fin ! enragea-t-elle. Sous prétexte qu'on a échangé quelques baisers, ce comédien de pacotille s'arroge le droit de me juger ! »

Sentant venir l'orage à l'air crispé de sa compagne, il se dépêcha d'ajouter :

– Remarque, dans un sens, ça vaut mieux : tu avais besoin de repos, et puis on va pouvoir consacrer du temps à notre spectacle.

Elle le dévisagea, interdite :

– Notre spectacle ?

– Oui, *Iphigénie*, l'*Iphigénie* de Kéramidas. Il nous reste cinq mois, c'est beaucoup et c'est peu. Il paraît que les jurys de fin d'année vont être beaucoup plus sévères.

Devant l'air contrarié de Marion, il s'inquiéta :

– Ça tient toujours ?

Elle le prit doucement par la main et l'attira sur l'un des bancs du hall, à l'écart de la cohue.

– Je suis soulagée de n'avoir pas été retenue pour le rôle d'Ariane, parce que je travaille sur un autre projet, plus important.

– Plus important que *Minos* ?

– Disons plus ambitieux. Il s'agit d'un opéra-rock intitulé *Horus*.

Elle aurait voulu garder confidentielle l'idée qui avait germé durant son jogging matinal, mais par orgueil elle ne résista pas à l'envie de convaincre Rémy que son éviction de la troupe de *Minos* était une chance, non un échec.

– Horus est un oiseau fabuleux que des chasseurs tuent par mégarde, le prenant pour un vulgaire gibier. Il revient alors sur Terre pour se venger des hommes.

– C'est ton histoire, en somme.

– Je ne te le fais pas dire ! s'exclama-t-elle en riant.

– Une belle histoire, admit Rémy. Mais où vas-tu dénicher des musiciens capables de composer tout un opéra en cinq mois ? Et les chanteurs, tu y as pensé ?

Marion sourit :

– Ne t'inquiète pas pour ça, j'ai mon plan. Tout ira bien. Par contre, pour *Iphigénie*, je ne pourrai pas assurer. Je suis désolée.

La déception se peignit sur le visage du jeune comédien :

– Tu ne peux pas me faire ça, Marion !

– Ce n'était qu'une idée en l'air. Je n'ai même pas lu le texte.

– Nous en avons parlé très souvent. Sans toi, la pièce n'a plus de raison d'être.

– Mais si, tu me remplaceras, voilà tout !

Il se pencha en avant, accablé :

– C'est impossible, tu le sais bien.

– On a trouvé une autre Ariane ; tu trouveras une autre Iphigénie. Lara Grimaud, par exemple, ou Laudine Figueras, ou Hélène da Silva. Hélène serait parfaite. Tu veux que je le lui demande ?

– Je peux m'en charger, merci ! grommela-t-il, vexé.

Elle fit un geste qui signifiait : « À ta guise ! » Ils restèrent un long moment silencieux. Marion regardait en douce le visage renfrogné de Rémy, et lui trouvait un air d'enfant capricieux. Soudain, il grogna :

– Je crois qu'il vaut mieux nous séparer, toi et moi.

Il s'attendait à une protestation passionnée de la part de Marion, mais elle se contenta de lui caresser la joue d'un air tendre :

– Je ferai ce que tu voudras.

Il se leva brusquement :

– C'est beaucoup mieux !

En le voyant s'éloigner d'un pas raide, dépité et ridicule, elle éprouva un soupçon de compassion. Ils avaient passé ensemble des instants agréables. Elle aurait dû avoir des regrets ; elle fut soulagée. Pour réussir ce qu'elle allait entreprendre, elle avait besoin de toute sa tête. De tout son cœur aussi.

L'heure de son cours de chant avait sonné ; elle monta au troisième étage. En entrant dans la salle, elle remarqua l'air contrarié de Laure Visconti et força sur son sourire :

– Belle journée !

– Tu as refusé le rôle d'Auréa, tu peux m'expliquer pourquoi ? demanda le professeur sans se laisser amadouer.

– Je l'aimais bien, pourtant, soupira Marion. Mais j'ai d'autres projets.

L'expression sceptique de Laure montra qu'elle n'était pas dupe.

« Il fallait me défendre, ma vieille. Tu m'avais laissée espérer le rôle d'Ariane. Maintenant, tu te débrouilles ! » pensa Marion avec une certaine délectation.

– Quel est ce fameux projet ?

– Il va vous plaire.

– C'est à moi d'en juger !

« À moi d'abord, si tu permets », pensa la jeune comédienne en dissimulant sa rancune sous un sourire affectueux.

– Vous serez la première informée, comme toujours.

Comme elle gagnait sa place, Théo Massimo la frôla :

– C'est moi, ton grand projet ?

– On ne peut rien te cacher ! répliqua Marion.

Il savoura la plaisanterie et lui tourna le dos,

quand, à son ébahissement, elle murmura :

– Viens t'asseoir à côté de moi, tu veux bien ?

Ses grands yeux noirs le regardaient avec tant de douceur qu'il fut pris de vertige et heurta le bureau. Marion le rattrapa et l'aida à s'asseoir. Théo était sans conteste le scénariste le plus inventif de l'Art School, mais au contact de cette fille troublante son inspiration était sérieusement limitée. Il n'osait pas faire un geste de crainte de voir s'évanouir son illusion. La frêle et délicieuse Marion, dont il rêvait depuis des années, comme tant d'autres, était à sa droite. Son bras nu frôlait le sien. De temps en temps, elle se tournait vers lui et lui souriait.

Elle lui glissa un papier sur lequel elle avait griffonné ces simples mots : « Il faut qu'on travaille ensemble. »

L'expression béate de Théo signifia : « Et comment ! »

Ensuite, à la demande de Laure, Marion vint au centre de la salle, devant les gradins disposés en demi-cercle, et se mit à chanter, d'abord un morceau classique, puis un air de jazz, « I'm a fool to want you », et enfin une chanson de Patricia Kaas. Quel que soit le registre, sa voix était merveilleuse. Théo en avait des frissons. Il avait l'impression qu'elle chantait uniquement pour lui.

Chaque fois que Laure Visconti demandait un volontaire, Marion se proposait. Du coup, les étudiants, complexés, n'osaient pas lever le doigt. En d'autres circonstances, le professeur aurait désigné d'office un candidat. Mais comment empêcher sa meilleure élève de chanter alors qu'elle venait de lui reprocher l'inverse ? Quant à Marion, elle voulait prouver qu'aucune voix ne pouvait rivaliser avec la sienne.

– C'est bien, admit Laure quand la jeune fille eut terminé sa dernière chanson. Articule bien dans les aigus, et prend le temps de respirer.

– Je manque de souffle, acquiesça Marion. J'ai mal dormi, et je ne suis pas très en forme.

Tout en parlant, elle griffonna quelques mots et les fit passer à Théo. Il lut : « On dîne ensemble ? »

Chapitre 3

En poussant la porte de la Fiancée du pirate, Théo avait la gorge sèche au point d'avoir du mal à prononcer une parole.

– J'ai réservé, arriva-t-il à articuler. Ou plutôt c'est Marion, Marion Revzany.

La serveuse lui indiqua la table. Il était en avance. Il en profita pour essayer de calmer la violente émotion qui le tourmentait depuis des heures. Sans être laid, Théo n'avait rien d'un séducteur, et il se montrait d'une timidité maladive avec les filles. Redoutant leurs sarcasmes, il se réfugiait dans l'imaginaire, parmi les douces créatures qu'il inventait, au milieu d'aventures qui le consolaient de sa décevante réalité.

Il écrivait du matin au soir, d'autant plus volontiers que ses textes étaient très appréciés, et qu'il était assez bon comédien lorsqu'il osait interpréter un de ses rôles. Cette façon de vivre par procuration, et le succès qui en résultait, le dispensaient de justifier sa solitude.

Marion avait nourri ses rêves et inspiré certaines de ses héroïnes. Et maintenant elle allait venir. Il parcourut des yeux le restaurant. La taverne de la Fiancée du pirate semblait sortie des *Contrebandiers de Moonfleet*, un passionnant roman d'aventures qu'il avait maintes fois lu et relu. Décor antique, atmosphère chaleureuse, cuisine généreuse.

Entre midi et deux, beaucoup d'étudiants de l'Art School venaient là. Le soir, la clientèle était différente, plus bourgeoise et discrète. L'ambiance plus feutrée. Théo préparait ce qu'il allait dire à Marion lorsqu'il vit entrer Karim Bergui. Théo s'entendait bien avec ce personnage fantasque, danseur, chorégraphe, metteur en scène, bourré d'humour et d'imagination. « Sa tête quand il va me voir avec la belle Marion ! » jubila-t-il. Cependant, Karim s'approchait. « Il ne va pas s'installer à notre table ! » pensa Théo.

– Toi aussi, elle t'a invité ? dit Karim.

Théo le dévisagea, dérouté. Puis il s'avisa que la table était dressée pour quatre personnes. Lui qui rêvait d'un tête-à-tête amoureux ! Il reprit brutalement contact avec la réalité. « Comment une fille comme Marion pourrait s'intéresser à moi ? pensa-t-il avec amertume. Encore un de mes films ! »

Tandis que Karim s'installait en face de lui, il dit négligemment :

– On va bosser ensemble, je crois.

– Je pensais être seul !

La déception de Karim consola Théo de sa propre déconvenue. L'avantage, dans cette situation nouvelle, c'est que sa timidité avait disparu et qu'il avait maintenant les idées claires.

– Tu sais ce que c'est, ce boulot ? demanda Karim.

– Mystère !

Karim consulta sa montre, nerveux :

– Elle avait bien dit huit heures ?

– Il est huit heures dix, pas de quoi s'affoler... Tiens, voilà le plus beau !

Celui qui s'approchait, John Marshall, était effectivement le plus beau des trois. C'était un jeune Américain de dix-huit ans, grand, maigre, musclé, avec un visage d'Indien, brun et buriné, de larges pommettes et de longs cheveux noirs aile de corbeau.

– Alors, le Navajo ?

John broya les mains des deux autres et s'assit avec nonchalance après avoir jeté sa parka sur une chaise voisine.

– Marion n'est pas encore là ?

Lui, au moins, ne s'attendait pas à une soirée romantique, ou bien il savait mieux dissimuler ses sentiments. Les filles ne tenaient pas une grande place dans sa vie. Il n'y avait que la musique – l'orgue électronique, la guitare, les percussions, la composition.

– Tu sais, toi, pourquoi on est là ? demanda Karim.

John, qui rattachait les lacets de ses rangers, leva la tête :

– Parce que Marion nous a invités, et qu'elle a le plus beau sourire du monde.

Karim fit la moue :

– Le plus joli corps.

– Et des fossettes là, enchaîna Théo en montrant le creux de ses joues.

À cet instant, Marion surgit comme par enchantement, les joues roses, un peu essoufflée :

– Vous êtes venus, c'est gentil.

– On parlait de toi, dit John.

– J'avais compris, répliqua-t-elle avec un sourire malicieux.

Elle ôta son manteau, dévoilant son corps mince et hâlé sous une robe blanche à bretelles. Elle s'assit avec grâce.

– Je voulais vous parler d'*Horus*, annonça-t-elle d'un ton confidentiel.

– C'est quoi, cette bestiole ? demanda Théo.

– Un animal fabuleux.

Elle leur résuma brièvement son histoire. Une serveuse l'interrompit pour prendre leur commande. Quand elle s'éloigna, Marion reprit :

– Donc, l'oiseau revient de l'au-delà se venger des hommes. Ce n'est plus un animal, mais une divinité. Le thème de la chasse devient celui de la quête des âmes.

– Beau sujet, apprécia Théo. Qu'est-ce que tu veux en faire ?

– Un opéra-rock.

Karim siffla entre ses dents. Les deux autres restèrent muets.

– Dis donc, l'ambition ! Il y a quatre ans de boulot, sur ce machin !

Le rire de Marion accentua ses fossettes :

– Ce n'est pas un véritable opéra, pas un spectacle de trois heures, en tout cas. Disons une demi-heure, selon la norme du jury de fin d'année.

– Malgré tout, le genre reste très difficile : beaucoup de musiciens, de chanteurs, de danseurs… Car je suppose qu'il y aura des ballets, intervint John.

– C'est exact. J'ai commencé à recruter une petite troupe qui ne demande qu'à grandir.

En réalité, elle n'avait que deux candidats, encore très hésitants. Les trois garçons n'étaient pas dupes.

– Les meilleurs éléments travaillent déjà pour *Minos*, objecta Karim.

– Les meilleurs, c'est vous trois, répliqua Marion. C'est pour ça que vous êtes là ce soir. Vos conseils me seront précieux. J'envisage un programme vraiment magique. Je sais, c'est ambitieux. J'ignore si je pourrai le mener à terme, mais ça vaut la peine d'essayer, vous ne trouvez pas ?

Comme ils ne répondaient pas, elle ajouta avec douceur :

– J'ai besoin de vous.

Théo se racla la gorge :

– En résumé, il te faut un scénariste, moi, un metteur en scène, Karim, et un compositeur, John. Puis au moins trois profs pour l'orchestration, la chorégraphie et les chœurs.

Marion laissa la serveuse déposer le plat de pâtes qu'ils avaient commandé avant de poursuivre :

– Ce qui compte, c'est ce que nous allons réaliser tous les quatre, le travail d'équipe. Réfléchir, imaginer, créer tous ensemble. Pour ça, je serai toujours à votre disposition, le matin, le soir, la nuit… Je ne vous demande pas de vous engager dès ce soir, juste de faire un essai, et, surtout, je vous supplie de ne pas dire un mot du projet. Si on renonce, vous l'oublierez aussitôt, d'accord ? J'ai la sensation désagréable que les profs, même les plus jeunes, Laurent, Armèle, Arnaud, nous enferment dans un système. Moi, je veux en sortir, bousculer les règles, même si, en définitive, on aboutit à un spectacle expérimental au risque de déconcerter le jury. Je veux qu'il soit étonnant, fascinant...

C'était elle qui était fascinante. Elle s'animait, ses joues se coloraient, ses yeux étincelaient, et les trois garçons étaient sous le charme.

– Moi, ça me va, dit Théo.

Karim haussa les épaules :

– Idem pour moi. Je veux bien essayer.

John secoua la tête :

– Désolé, mais je travaille à un poème symphonique avec Mateo, François et Noé. Je suis vraiment débordé. Or, pour un projet pareil, il faut être disponible. Tu peux demander à Cédric Angélis ou à Lucie Matheron. Lucie surtout, elle est à l'aise dans l'onirique. Elle est géniale !

« C'est toi qui es génial ! » pensa Marion. Elle n'était pas surprise, car elle s'attendait au refus de John. Elle s'était renseignée : il avait en chantier plusieurs travaux qui étaient loin d'être de simples exercices scolaires. Sans lui, *Horus* aurait du mal à voir le jour. Elle ne pouvait se passer de son expérience, de sa culture musicale, et surtout de l'atmosphère de merveilleux qui habitait ses compositions.

– Dommage ! soupira-t-elle avec une petite moue chagrine.

Elle plongea ses yeux dans les siens. John lui plaisait depuis toujours, et, même s'il n'était guère démonstratif, elle savait qu'elle ne lui était pas indifférente. Elle se tourna vers les deux autres :

– Où et quand voulez-vous travailler ?

– Le soir à l'académie, dit Théo sans hésiter.

– C'est le mieux, confirma Karim.

L'expression radieuse de Marion les récompensa.

– Navré de vous lâcher, répéta John.

Elle posa la main sur la sienne, rassurante :

– Tu n'y peux rien, John. Je sais ce que c'est d'être saturé. *Horus* est une vraie folie. J'ai l'impression de plonger dans un vide sidéral. J'espère y rencontrer beaucoup d'étoiles, sinon ce sera l'interminable nuit d'hiver sous le ciel muet.

Elle avait cité Shakespeare d'une voix sourde, avant d'éclater de rire.

– C'est bon, non ? dit-elle en dégustant ses raviolis au saumon.

– Délicieux, confirma Karim, la bouche pleine.

Marion fit une grimace comique :

– Bonjour, le stress ! Je suis bonne pour doubler mon parcours de jogging avant d'attaquer la journée.

– Tu cours ? s'informa John.

– Tous les matins.

Elle savait qu'il s'entraînait dans le parc des Buttes-Chaumont avant de se rendre à l'Art School.

– Tu vas où ?

– Au parc, quelquefois.

– Les Buttes ou l'académie ?

– Les Buttes, mais pas souvent. J'habite à République. Autour de l'immeuble, il y a un parc, enfin, un jardin. C'est moins agréable que les allées des Buttes-Chaumont, mais plus pratique.

– Moi, je loge juste à côté, dit John.

Elle faillit dire : « Je sais », mais s'abstint. Les parents de John résidaient à Boston. Il était venu à Paris pour suivre les cours de l'Art School et habitait au 10, rue Bellevue, à cinq cents mètres de l'académie.

– Et toi, tu ne cours pas ? demanda-t-elle à Théo.

Il eut un rire silencieux :

– Si, après les filles.

C'est du sport, ça ?

– Un vrai marathon.

Elle se tourna vers Karim :

– Et toi ?

Il prit l'air dédaigneux :

– Moi, ce sont les filles qui me courent après. Épuisant !

Marion plissa les yeux, malicieuse :

– Quand *Horus* sera à l'affiche, plus besoin de courir : toutes les filles vont vous tomber dans les bras !

« Une me suffirait », soupira intérieurement Théo en admirant les épaules dorées de sa voisine.

Lorsqu'elle réclama l'addition, ils voulurent payer, mais elle refusa :

– Pas ce soir, je vous invite. Vous aurez l'occasion de nourrir ma petite et néanmoins gourmande personne, vu que vous allez partager ma vie.

– Pas moi, dit John avec un soupçon de regret.

Marion plissa le nez d'une façon comique :

– Qui sait ce que l'avenir nous réserve ?

Chapitre 4

Le lendemain, Marion partit de bonne heure au parc des Buttes-Chaumont dans l'espoir d'y rencontrer John. Quand elle arriva, en tenue de jogging, portant un sac de sport qui contenait ses vêtements d'école, elle constata que de nombreux coureurs s'exerçaient déjà dans les allées. Cependant, elle eut beau chercher, elle ne trouva pas trace du jeune Américain.

En l'attendant, elle se mit à courir dans le style souple qui était le sien. Elle parcourut d'abord mille mètres, longea la grotte, franchit la passerelle du lac, puis elle monta jusqu'au belvédère. Là, elle s'arrêta pour reprendre haleine, avant de s'installer sur un banc, à côté du kiosque à musique. Elle songea que, si John la voyait, il se moquerait d'elle. Elle avait veillé tard pour préparer un exposé sur le théâtre contemporain et travailler au scénario d'*Horus*, sous la forme d'une liste de suggestions qu'elle voulait soumettre à Théo. Ses jambes et ses poumons se ressentaient cruellement du manque de sommeil.

Quand elle s'était mise à courir, il tombait une pluie fine, que la tiédeur du sol absorbait aussitôt. À présent, le ciel se dégageait. Le soleil faisait une percée lumineuse dans un losange bleu d'une pureté méditerranéenne. Marion ferma les yeux, rejeta la tête en arrière et s'abandonna à la chaleur. Au bout de quelques instants, une langueur agréable s'empara d'elle. Il restait un peu plus d'une heure avant son premier cours, le temps de paresser, de rêver. Elle en avait eu si peu l'occasion depuis la rentrée scolaire !

Elle somnolait quand elle sentit soudain une main frôler ses cheveux :

– Vous permettez ?

Un homme blond d'une trentaine d'années exhibait une feuille qu'il venait d'ôter des cheveux de la jeune fille. Il était lourd, rougeaud et transpirant.

– Merci, murmura-t-elle en refermant les yeux.

Elle le crut parti lorsque sa main indiscrète lui toucha le cou. Cette fois, l'homme montra une petite fleur blanche, soi-disant récupérée dans son col. Marion fronça les sourcils :

– Fichez-moi la paix !

C'était le genre d'individu qu'elle ne pouvait pas souffrir : stupide, grossier, sûr de lui. Au lieu de cesser son manège, le dragueur se rapprocha d'elle à la toucher.

– Je vous ai regardée courir, dit-il. Superbes, vos longues foulées ! Vous êtes du genre gazelle ; moi, du genre buffle. Nous sommes faits pour nous compléter.

Il empestait la brillantine et le chien mouillé. Écœurée, Marion tenta de se lever quand la brute lui happa le poignet :

– Ma décapotable est juste au bout de la grande allée. Vous ne voulez pas faire un petit tour pour vous délasser ?

– Lâchez-moi, vous me faites mal ! gémit Marion en essayant de libérer son bras.

– Tu n'as pas entendu, gros porc, lâche-la ! ordonna soudain la voix de John.

– De quoi je me mêle ? grogna l'homme.

Il voulut se dresser, mais le jeune Américain le renvoya sur son banc d'un coup de paume sur le front. Marion, bouleversée, se blottit dans les bras de John. Il l'enlaça d'un geste protecteur et l'emmena.

– Petit con ! lui cria le blond, furieux.

John se retourna et pointa un doigt menaçant :

– La prochaine fois que tu touches à ma sœur, j'appelle les flics !

Ils firent quelques pas, enlacés, puis Marion chuchota :

– Je ne suis pas ta sœur !

Il s'arrêta, l'examina de la tête aux pieds, et conclut :

– C'est tout comme !

Elle fit la moue et frotta son poignet que la brute avait serré :

– En tout cas, merci, mon frère.

John portait un short et un maillot de coureur orné d'un énorme numéro « 3 ».

– Médaille de bronze ? dit-elle, moqueuse.

Il mit le doigt sur ses lèvres :

– C'est pour ne pas décourager les amateurs.

– Tu vas courir ?

– Je cours depuis une heure.

Elle regarda avec incrédulité son corps d'athlète sans la moindre trace de fatigue.

– Je ne t'ai pas vu.

– J'allais trop vite !

Elle laissa échapper un rire plein de fraîcheur, puis elle détacha sa queue de cheval et secoua ses cheveux d'un geste gracieux. Il nota de petites perles de sueur sur son nez.

– Je ne savais pas que tu devais venir, dit John.

– Je l'ignorais aussi.

Ses yeux noirs le regardaient avec intensité,

comme si elle attendait une invitation pour l'interroger. Masquant son trouble, il demanda :

– Tu as fini ton parcours ?

– Depuis longtemps, j'étais crevée.

– Tu veux venir prendre une douche ? J'habite à deux pas.

Elle sourit avec reconnaissance :

– Je veux bien, mais il faut d'abord que je récupère mon sac chez le gardien.

Il ne put détacher les yeux de sa silhouette tandis qu'elle se dirigeait vers la petite maison de brique. C'était vraiment un joli spectacle, sa démarche légère de danseuse, son vieux survêtement n'arrivant pas à dissimuler la beauté de son corps. Quand elle revint, il lui porta son sac et la conduisit jusqu'à son logis, deux pièces sous les toits, dominant Paris, et, au premier plan, la grande terrasse de l'Art School, le Jardin du ciel.

– Très romantique, murmura-t-elle.

De la pièce à côté, il cria :

– Tu passes la première ?

– Sur scène, toujours, plaisanta-t-elle.

Il s'agissait évidemment de la petite salle d'eau, que John avait mise prestement en ordre, raflant le linge sale et sortant un savon neuf et un drap de bain. Elle prit une douche brûlante, se sécha et enfila les vêtements préparés dans son sac : collants noirs, minijupe rouge, pull chaussette. Elle attacha ses cheveux, puis les libéra.

Examinant son visage dans le miroir, elle nota avec satisfaction que le mot « douceur » lui convenait.

Il y avait aussi de la douceur dans le regard de John à l'instant où elle sortit de la salle de bain. Il entra en vitesse. Aussitôt, elle entendit l'eau couler.

Elle fureta dans l'appartement. Pas mal rangé pour un garçon. Murs blancs, sol impeccable, lit fait au carré, table à tréteaux. Décor monacal. Sur la table, un dictionnaire en trois volumes était ouvert à l'article « Horus », le dieu faucon de la mythologie égyptienne. Elle sourit.

Quand John sortit, vêtu d'un jean et d'un pull marin boutonné sur l'épaule droite, il la trouva accoudée à la fenêtre.

– Tu sais ce qui me ferait du bien ? lança-t-elle sans tourner la tête.

– Un massage thaï, un bain de minuit sur une plage des Caraïbes, un rôle dans le prochain Spielberg ?…

Elle secoua ses boucles châtains aux reflets dorés :

– Toute une journée de liberté. Depuis des mois, je travaille du matin au soir, même le dimanche. Tu n'as pas envie de t'évader, parfois ? demanda-t-elle en se retournant.

Il n'avait pas envie de s'évader, mais de la serrer dans ses bras, ça oui ! Elle proposa :

– Si on allait se balader ?

Mentalement, il récapitula ce qu'il allait sécher : un cours de français, une leçon de musique, une répétition théâtrale. Aucun regret !

– Je mets mes chaussures, et je suis à toi.

Elle émit un petit rire moqueur :

– On dit ça…

Dans la rue, elle s'accrocha à son bras et avança à son rythme. Au soleil, il faisait presque chaud. Elle enleva son caban et se pressa contre lui. Instinctivement, le bras de John lui enlaça la taille. Ils marchèrent pendant des heures du côté de la Villette, mangèrent une omelette aux herbes dans un bistrot, au bord du canal, puis poursuivirent leur promenade du côté de la porte des Lilas.

Vers les quatre heures, fatiguée, elle se laissa tomber dans l'herbe, devant le lac des Buttes-Chaumont. John lui montra le chemin des Aiguilles :

– Tu sais combien il y a de marches ?

Elle se contenta de soupirer :

– J'aime bien être avec toi.

Il sourit, ironique :

– C'est la paresse que tu aimes.

Elle secoua la tête d'un air rêveur :

– Le paresseux.

Il s'étendit sur la pelouse à côté d'elle et ferma les yeux. Au bout d'un moment, il dit :

– C'est un beau sujet, *Horus*. Je regrette vraiment, tu sais.

– Chut ! murmura-t-elle.

– J'aurais aimé travailler avec toi.

Elle s'étira, indolente :

– Ne parle pas de travail, pas aujourd'hui. On est bien comme ça, non ?

– Oui, capitula-t-il.

Il admira sa poitrine ronde moulée par son pull noir. Il approchait son visage du sien avec l'intention de l'embrasser lorsqu'elle se leva soudain :

– Il faut que je rentre !

– Déjà ?

– Oui, j'ai mon exposé à terminer, et mes parents ont invité des cousins à dîner. Je dois me faire belle.

Il se dressa à son tour et fronça les sourcils :

– Je me disais aussi ! Tu aurais pu faire un effort de toilette pour te balader avec moi !

Elle pirouetta gracieusement :

– Je ne te plais pas ?

– Pas du tout !

Son regard caressant prouvait le contraire. Elle lui planta un baiser sur la joue et se mit à courir vers la station de métro. Au bout de dix pas, elle se retourna et lança :

– Je te laisse mon sac !

Elle savait qu'il la regardait s'éloigner avec regret. « Finie, la récré ! » pensa-t-elle gaiement.

Chapitre 5

Pierre Malherbe, le prof de théâtre, frappa dans ses mains pour interrompre la répétition d'une scène des *Enfants terribles*.

– Julien, dit-il au jeune acteur qui incarnait Paul, ne faiblis pas sur le dernier mot, comme tu le fais systématiquement. Tu te retires trop tôt. Tu penses à ce que tu vas dire ensuite au lieu de terminer ta phrase. Ce texte, ce n'est pas pour toi que tu le dis, mais pour le public, qui ne le connaît pas. L'articulation des mots a une grande importance. Tous les mots, j'insiste. Les gestes aussi. Tout à l'heure, tu as trébuché. Aussitôt, tu t'es interrompu. Non ! Tu dois te servir de chacun de tes gestes, même de tes maladresses.

– Alors, il n'est pas près de sortir de scène ! plaisanta Luc Violès, qui tenait le rôle de Gérard, l'ami de Paul.

Le professeur négligea l'interruption pour s'arrêter devant Marion :

– Toi, rien à dire.

À cet instant, un homme se leva au fond de la salle qu'ils croyaient déserte. Marion reconnut Jason Masur, le directeur artistique de l'Art School.

– Moi, je voudrais me permettre de faire une remarque : tu t'identifies trop au personnage d'Élisabeth, Marion. Il te domine, alors que c'est toi qui devrais le dominer. Essaie de te dédoubler, de te regarder jouer en quelque sorte, de penser à ce que les spectateurs doivent voir et ressentir, pas forcément la même chose que toi. Tu comprends ce que je veux dire ?

– Oui. Je croyais..., murmura Marion.

– Rassure-toi, tu joues divinement. Mais il faut toujours vouloir plus, se surpasser, se dépasser, surtout sur les planches.

Marion sourit :

– Merci !

Jason n'entendit pas, il avait déjà disparu. Il était coutumier des apparitions fugitives. On le voyait surgir à l'improviste en classe de chant, en salle de danse, dans l'atelier des décors. Parfois, il faisait une réflexion. Le plus souvent, il ne disait rien ; il se contentait d'observer. Il absorbait tout, et pouvait mentionner plusieurs mois après certains détails passés inaperçus aux yeux des autres. Il lançait des suggestions, des idées, mais ne complimentait jamais. C'est pourquoi Marion était bouleversée. « Tu joues divinement. » Divinement !

– Remets-toi ! dit Pierre Malherbe avec une fausse sévérité.

La jeune fille haussa les épaules :

– Ça fait du bien. Si je comptais sur toi pour m'encourager !

– Tu y arrives très bien toute seule, répliqua le prof.

Tous les comédiens éclatèrent de rire. Ils la croyaient bouffie d'orgueil, sûre d'elle. S'ils savaient ! Depuis des jours et des jours, elle travaillait sur *Horus* avec l'impression désespérante de ne pas avancer. Théo et Karim avaient beau se passionner pour le sujet et lui consacrer tous leurs instants de liberté, elle rencontrait beaucoup plus de difficultés que prévu, au point qu'elle se demandait si elle n'avait pas été trop ambitieuse. Un opéra-rock !

Évidemment, elle pouvait abandonner. Mais il était déjà trop tard. Malgré la discrétion dont elle entourait leur travail, la nouvelle avait fait le tour de l'école. « Impossible de conserver un secret dans cette boîte, avec ces murs de verre et cette habitude de tout voir, de tout entendre et de tout répéter ! »

C'était la partition musicale qui posait le plus de problèmes. Or, une œuvre de ce type, même si l'on se contentait d'extraits, exigeait une belle technique. Seul John Marshall aurait été à la hauteur du projet. Il avait le talent, l'expérience, la force créatrice.

« Et puis c'est un garçon merveilleux », pensa-t-elle. Elle ne l'avait pas revu depuis la journée qu'ils avaient passée ensemble. Huit jours, déjà ! Elle avait fait exprès de s'éloigner pour qu'il ait besoin d'elle comme elle avait besoin de lui. Le message était simple : *Horus* les séparait au lieu de les réunir.

Mélanie lui avait dit que John s'inquiétait de son absence. Et puis il y avait eu ces deux messages téléphoniques, très brefs. Deux, c'était peu, elle exigeait beaucoup plus. Avait-elle surestimé la séduction qu'elle exerçait sur lui ?

Découragée, elle se demanda si elle ne devrait pas parler de ses difficultés à Jason. Lui saurait la conseiller. C'était un personnage étrange et intimidant : un aspect physique hors du commun, des cheveux brun roux aux boucles serrées, un front et un menton protubérants ; une laideur de faune, cette divinité antique mi-homme mi-bête. Pourtant, il était loin d'être dénué de charme, et son imagination toujours en effervescence était propre à s'intéresser à leur travail. Puis elle se dit que s'il lui conseillait d'abandonner *Horus* elle obéirait et devrait dire adieu au projet. Laure triompherait, sans parler d'Armèle et de Laurent. Ils n'attendaient que ça ! Et Mélanie, hypocrite, prendrait ses airs de chien battu !

– Marion, tu dors ?

Pierre Malherbe s'impatientait. Elle s'empressa de revenir au rôle d'Élisabeth :

– Excusez-moi !

– C'est bien de penser, insista le professeur, mais pour une fois essaie de penser aux autres.

Il consulta ses notes et décida :

– On reprend la scène où Élisabeth persuade Agathe que Gérard est amoureux d'elle pour la détourner de son frère, Paul. C'est une scène difficile, car tout se passe dans une chambre, un univers clos. Les quatre personnages se cognent aux murs de la pièce sans savoir où aller. Seule Élisabeth est lucide. C'est elle qui tisse la toile dans laquelle les autres vont se prendre.

– L'araignée est prête, dit Marion.

Elle joua son personnage avec conviction, tantôt tendre, persuasive, insidieuse, et tantôt brûlante et passionnée. Mais, au lieu de se laisser emporter par le rôle, elle essaya de se dédoubler et crut se voir jouer, comme Jason l'avait recommandé. « Dommage qu'il ne soit pas là ! »

songea-t-elle tandis que Malherbe hochait la tête avec satisfaction :

– On approche. Julien, c'est mieux. Toi, Marion tu as la voix et les gestes qui conviennent. Un peu plus hautaine, peut-être. Il faudra faire un essai. Tu domines les autres, pas à la manière d'une araignée, mais d'une déesse, Némésis, la fille de la Nuit, qui châtie les passions excessives des hommes.

– Bien vu ! cria une voix, suivie d'applaudissements.

Marion reconnut Rémy. Tandis que les autres quittaient le théâtre, la répétition finie, il monta sur scène.

– Marion, n'oublie pas d'éteindre, recommanda Pierre Malherbe.

La jeune fille obéit et commença à débrancher les projecteurs.

– Punir les excès des hommes ! ricana Rémy. Ce rôle a été écrit pour toi.

– Qu'est-ce que tu veux ? soupira Marion. Je suis très fatiguée.

– Rien d'étonnant, avec la vie que tu mènes !

La jeune comédienne dévisagea d'un air interrogateur le beau visage déformé par l'ironie.

– Tu n'as pas le temps d'interpréter Iphigénie, par contre, Élisabeth…

– Tu sais bien que je n'ai pas le choix ! dit-elle, excédée. C'est une scène imposée. Elle compte dans la moyenne. Si je pouvais, crois-moi…

– Tu te consacrerais à ton fameux opéra !

Elle avait fini d'éteindre les lampes et de ranger les accessoires. Et elle n'avait qu'une hâte : rentrer chez elle.

– Écoute, je n'ai vraiment pas le temps de discuter !

– Je t'ai vue, l'autre jour, en pleine répétition. On peut dire que tu donnais le meilleur de toi-même !

Elle haussa les épaules, incrédule :

– Je voudrais bien savoir où ?

– Dans le parc, vautrée dans l'herbe contre ton musicien. Jolie scène d'amour !

Elle affronta son regard méchant :

– Je ne vois pas en quoi ça te concerne. C'est toi qui as voulu rompre, ne l'oublie pas.

– Ça t'arrangeait, avoue ! Si tu n'as rien fait pour me retenir, c'est que tu sortais déjà avec lui. Tu n'as même pas eu le cran de me le dire. Tu es vraiment la reine des garces !

Elle le dévisagea avec tristesse :

– Si tu veux le savoir, il n'y a rien entre John et moi. C'est un ami, et j'ai terriblement besoin d'amitié en ce moment. Un sentiment dont tu es bien incapable.

Il se tourna vers le fond de la scène et frappa du front la cloison de bois de petits coups rageurs. Elle l'abandonna dans cette position d'enfant puni.

Dans l'escalier, elle croisa Mélanie, alertée par le bruit de leur dispute.

– Que se passe-t-il avec Rémy ?

– Il fait un caprice, et je ne suis pas sa mère, lâcha Marion.

Son amie l'examina avec inquiétude :

– Tu as l'air à bout.

– Je suis si moche ?

– Au contraire, tu es de plus en plus ravissante.

Elle semblait sincère, et Marion se força à sourire :

– En somme, le drame me va bien.

– Et ton projet ?

– Dur, dur, c'est pour ça qu'il me plaît, frima-t-elle. Et le tien ?

– *Minos* ? Dur, dur, c'est pour ça qu'il me déplaît !

Elles éclatèrent de rire, retrouvant un instant leur complicité. Cependant, la confiance de jadis, c'était bien fini. Marion se gardait bien de lui donner des détails sur son travail, et Mélanie ne disait pas un mot des difficultés rencontrées au cours de ses répétitions.

– Ta longue absence nous a inquiétés, dit Mélanie. Tu étais malade ?

Marion hocha la tête :

– Je souffrais, effectivement. J'ai travaillé comme une bête.

– J'ai vu tes notes du trimestre, chapeau !

Elle émit un petit sifflement.

– Ce ne sont pas celles-là qui me posent un problème, mais les notes de musique.

Elles s'interrompirent pour laisser passer Rémy, qui marchait d'un air compassé vers la sortie. Quand il eut disparu, les deux filles pouffèrent.

– Pauvre Rémy ! finit par dire Mélanie, contrite.

– Pauvre Marion, oui, grommela Marion.

Quand Mélanie essaya d'en savoir plus sur son travail, Marion éluda ses questions. Elles étaient rivales. Mélanie était la mieux placée pour triompher, grâce à *Minos*. Mais, si Marion réussissait ce qu'elle avait entrepris, elle récupérerait le premier rôle. Sous les projecteurs, les places étaient rares, et, pour y parvenir, il fallait parfois repousser dans l'ombre les êtres qu'on aimait.

Chapitre 6

John ne pouvait pas s'empêcher de penser à Marion. Cette fille était un être à part, belle, plus belle que toutes les autres étudiantes de l'école, véritable collection de beautés féminines aux séductions diverses. Le charme que Marion exerçait sur lui allait bien au-delà de la perfection des formes et des gestes. Il lui avait suffi de poser les yeux sur lui et de sourire pour qu'il ressente une véritable fascination.

Pourtant, il la connaissait depuis des années. Il leur était arrivé de se rencontrer parfois ; rarement. Quelques mots échangés en passant, une plaisanterie, un rire. Mais ils n'étaient pas proches. John se consacrait à sa musique. Marion avait la danse, le chant, le théâtre, et Dieu sait quoi encore ! C'était une fille sérieuse et travailleuse, trop occupée à réussir pour s'intéresser aux autres.

Or, depuis cette journée étonnante, tout était différent. L'Art School ne lui semblait plus la même, le monde entier avait changé. Que s'était-il donc passé ? Ils ne s'étaient pas embrassés. Ils n'avaient pas prononcé un seul mot d'amour, ni envisagé de revivre une journée comme celle-là, et il le regrettait amèrement.

Le lendemain, il avait fait son jogging quotidien avec la certitude de la revoir. Elle n'était pas venue. Il l'avait cherchée en vain dans les salles et les couloirs de l'Art School. Était-elle malade ? Théo et Karim l'avaient rassuré : Marion allait bien. Ils avaient travaillé ensemble chez elle une grande partie du week-end. « Elle aurait pu me prévenir ! » pensa John avec dépit. Il lui téléphona à deux reprises, laissant chaque fois un message, mais elle ne le rappela pas.

Se pouvait-il que cette journée merveilleuse ait si peu compté pour elle ? Il évita de la harceler. Si elle n'avait pas envie de lui parler, après tout, c'était son droit ! Il se plongea dans la composition de son poème symphonique. La musique avait toujours été pour lui une passion et un refuge. Après des études brillantes, il était venu de Boston pour élargir ses connaissances. L'Art School enseignait l'ensemble des disciplines apparentées à la musique et savait enrichir la création en jumelant les talents.

Mais plus John essayait d'oublier Marion, plus il pensait à elle. Il apprit qu'elle avait participé à un séminaire destiné à placer sa voix. Elle se trouvait à l'étage au-dessus ; il le sut trop tard. Puis elle travailla deux soirs de suite en salle 108 avec Théo et Karim. Elle n'avait pas cherché à le revoir. Le matin, après avoir couru, il s'arrêtait toujours au bord du lac, sur la pelouse où ils s'étaient étendus côte à côte. Et, dans son logement, il essayait de retrouver le parfum de la jeune fille dans le drap de bain avec lequel elle s'était essuyée et sur la brosse qui avait touché ses cheveux.

Le neuvième jour, il l'aperçut en classe de chant. Hélas, il était au piano dans la salle voisine, et, avec un prof comme Ludovic Magimel, il n'était pas question d'abandonner une fugue de Schubert pour aller bavarder avec une étudiante. Lorsqu'il eut terminé, Marion n'était plus là. Il était impossible qu'elle soit passée sans le voir. « Elle n'a rien à me dire, pensa-t-il. Quelque chose l'a peut-être déçue, ce jour-là, ou bien j'ai rêvé. » Mais non, il y avait des regards et des sourires qui ne trompaient pas. « Je lui plais, mais elle est fidèle. Elle a un copain, ce Rémy, beau garçon, insipide. Fidèle ! C'est bien ma chance ! »

Il décida de manifester la même indifférence que Marion. Mais, dix minutes plus tard, il se retrouva malgré lui en salle 104, dont le mur de verre donnait sur la salle de danse. Huit filles et quatre garçons dansaient sous la conduite de Joss Roudinesco, la prof de modern-jazz.

On ne voyait que Marion. Difficile d'imaginer plus beau spectacle que ce corps mince, fragile, et pourtant si fort dans sa recherche de la perfection. John resta collé à la vitre pendant la leçon. Marion, tout au plaisir de danser, ne le voyait pas. À la fin du cours, John s'avança jusqu'à la porte de la salle et resta sur le seuil, pris d'une timidité surprenante, car il était plutôt d'un naturel audacieux. Joss discutait avec ses danseurs. Marion se tenait un peu à l'écart, absente, lasse ou rêveuse.

Elle se penchait pour saisir sa serviette lorsqu'elle vit John. Aussitôt, son visage s'illumina. Elle se précipita vers lui, noua les bras autour de son cou pour lui faire la bise, puis elle s'éloigna :

– Excuse-moi, je suis trempée.

Elle s'essuya énergiquement.

– Je vais prendre une douche. Tu m'attends ?

Ses grands yeux avaient l'air de supplier. Elle s'éloigna, revint en vitesse pour chuchoter :

– Tu m'as manqué !

Un peu plus tard, ils se retrouvèrent à la cafétéria. John maudissait la pluie qui les empêchait d'aller discuter sur un banc du parc. Le regard des autres le gênait. Marion ne s'en souciait pas. Elle bavardait avec animation, comme si elle avait attendu ce moment avec une folle impatience.

– Je n'ai fait que travailler. Mais je me demande si je n'ai pas perdu mon temps.

Ses cheveux étaient encore mouillés. Une petite mèche dorée était collée à son front. Ce détail attendrissait John et l'empêchait de réfléchir.

– Théo et Karim m'ont pourtant dit que votre projet se présentait bien.

– Avec eux, pas de problème, soupira Marion. C'est Dimitri !

– Dimitri Erhard ?

– C'est lui qui se charge de la partition. Tu n'es pas au courant ?

John secoua la tête. Dimitri était gentil, mais incompétent. Il n'avait aucune notion de composition musicale.

– Pourquoi tu n'as pas demandé à Lucie ?

Marion fit la moue :

– Tu crois qu'elle m'a attendue ?

– Et Cédric ?

– Il m'a envoyée sur les roses.

Elle eut un rire plein de fossettes : Cédric travaillait sur le thème musical de *La rose tatouée*, d'un écrivain américain, Tennessee Williams. John conserva un air soucieux.

– Vous avez commencé ?

– La musique ? Oui, Dimitri a composé trois mélodies. Tu veux les voir ?

– J'aimerais bien.

– Bouge pas !

Elle s'esquiva souplement entre les tables. Quand elle bougeait, les garçons ne la quittaient pas des yeux. Mais elle ne faisait pas attention à eux. Il y avait en elle une simplicité, une fraîcheur naturelle, une liberté qui n'avait besoin d'aucun artifice pour séduire. Quelques instants plus tard, elle revint avec un rouleau de partitions. John les feuilleta et dit :

– Il me faudrait un piano.

Elle pencha la tête. Ses cheveux lui effleurèrent le visage. Il constata qu'elle avait profité de son absence pour les brosser. Elle murmura, comme si elle lui dévoilait un secret :

– La salle de musique est libre.

Ils montèrent au troisième étage. Elle chantonnait « Ava, Avana » en esquissant des pas de danse sur les marches de l'escalier.

– Tu es bien joyeuse ! fit-il remarquer.

– Pas toi ?

– Si, avoua-t-il en se plongeant dans ses yeux moqueurs.

La salle de musique était déserte, comme elle l'avait prévu. Une aubaine à cette heure de la journée. John posa les partitions sur le pupitre et interpréta tour à tour les trois mélodies tandis que Marion écoutait, accoudée à l'instrument. Au bout de quelques minutes, il s'arrêta, consterné :

– C'est pire que ce que je craignais !

Elle eut un geste fataliste :

– Je m'en doutais.

Comme il demeurait silencieux, elle demanda timidement :

– Tu ne voudrais pas les revoir ?

– Les mélodies ? Autant tout recommencer !

– Et puis le conseiller : il a l'air complètement paumé.

– Conseiller Dimitri ? C'est le rôle de Ludovic ou de Laurent. Je sais d'avance ce qu'ils vont te dire : Dimitri est un violoniste, pas un compositeur.

– Alors, c'est fichu, murmura-t-elle, découragée.

Il prit une grande inspiration :

– Tu me les confies ?

– Les partitions ? Bien sûr !

– Je vais voir ce que je peux faire, je ne te promets rien.

Elle s'élança vers lui et noua les bras autour de son cou. Il sentait sur son dos la douceur du corps de la jeune fille tandis qu'elle se laissait aller contre lui. Son parfum léger l'enveloppait.

– Tu es un amour, murmura-t-elle.

Au même instant, Charlot, le pianiste de l'Art

School, entra dans la pièce et les trouva enlacés.

– Une leçon particulière, sans doute ? ronchonna-t-il.

– Très particulière, dit Marion en éclatant de rire.

Elle avait bien fait de décourager Lucie Matheron, qui se passionnait pour *Horus*. John était vraiment le meilleur.

Chapitre 7

– On est prêts pour la présentation, dit John.

– Fin prêts, confirma Théo.

Marion secoua la tête :

– Je ne crois pas, non, pas encore. Il ne faut pas prendre de risques.

Ils la regardèrent, déconcertés. Des risques, ils en avaient tous pris depuis un mois et demi. Théo avait manqué plusieurs cours pour mettre au point le scénario et écrire l'ensemble des textes. Et John avait abandonné ses œuvres ébauchées pour se consacrer entièrement à *Horus*. Il avait notamment renoncé à son poème symphonique, à la grande colère de Mateo, François et Noé. Il avait même failli en venir aux mains avec François. Il ne regrettait rien : travailler avec Marion était une expérience passionnante, et il avait composé, grâce à elle, la musique originale dont il rêvait.

Cependant, la réaction de Marion l'inquiétait. On aurait dit qu'elle avait peur du jugement des profs.

– On ne peut plus reculer, fit-il remarquer. Ils vont supprimer nos autorisations. On n'aura plus accès au matériel. Plus d'instruments, plus de répétitions !

Marion haussa les épaules :

– On travaillera la nuit.

– Là, c'est Martha que tu auras sur le dos, intervint Théo. Sans parler d'Armèle. On est en train de labourer son champ, et elle n'aime pas ça, la dame !

– Labourer, tu as trouvé le mot qui lui convient, railla Marion.

John dévisagea la jeune fille avec étonnement : c'était la première fois qu'elle laissait échapper une vacherie. Depuis qu'ils s'aimaient, il ne l'avait jamais entendue critiquer les autres. « Elle doit flipper ! » pensa-t-il. Pourtant elle était toujours pareille à elle-même, drôle, gentille, craquante. Travailler avec elle était un vrai bonheur.

– Que veux-tu de plus ? dit-il. Sur scène, tu es magnifique. Les chansons ont été composées et écrites pour toi, et la chorégraphie de Karim te met en valeur. Difficile de pousser plus loin sans les musiciens, les danseurs et les choristes. Mais, pour ça, tu dois obtenir l'accord de Laure, de Laurent et d'Armèle.

– Sans compter Jason, ajouta Théo.

– Jason, j'en fais mon affaire, murmura Marion d'une voix douce.

« Il est vrai qu'elle obtient toujours tout ce qu'elle veut, pensa John. Elle m'a séduit le jour où elle l'a décidé. Un sourire d'elle, et on est prêt à tout abandonner. » Il aurait dû être jaloux, mais il n'éprouvait rien de tel : au contraire, il ne pouvait s'empêcher de l'admirer. Il l'avait vue séduire en une demi-heure Mike Bernardt, l'irascible et brutal directeur de la section de décoration. Après avoir menacé de la flanquer à la porte de ses ateliers, Mike avait accepté de dessiner les décors d'*Horus* et de faire quelques esquisses des costumes.

– Votre travail est terminé, déclara-t-elle. C'est moi qui ne suis pas au point. J'ai encore besoin de quelques répétitions.

John capitula :

– Quand veux-tu présenter ? Je te rappelle que les jurys se réunissent le 20 juin.

Marion sourit, mystérieuse :

– Je ne pensais pas au concours.

– À quoi, alors ? demanda Théo, éberlué.

– Une représentation publique.
– Où ça ?
– Pourquoi pas le Jardin du ciel ?
– Comme *Minos* ?
– Avant *Minos*.

Théo se frappa le front :

– Tu es complètement louf !

– C'est un pari impossible, dit John. D'une part, l'Art School refusera et, d'autre part, pour créer un vrai spectacle, il nous faudrait un an.

Marion vint s'asseoir à côté de lui et posa la tête sur son épaule :

– Je ne pensais pas à un opéra.

– Moi non plus, grogna l'Américain.

– Un spectacle court, très rythmé, dans le style des variations de Ray Barret.

John lui prit le visage à deux mains et plongea ses yeux dans les siens :

– Tu ne songes pas à rivaliser avec *Minos*, tout de même ?

– Moi ?

Elle prit l'air innocent, puis éclata de rire. John fit la grimace :

– On se demande parfois si tu es un ange ou un démon.

– Un démon, bien sûr, répondit-elle avec conviction. À ce propos, je dois répéter *La beauté du diable*. Je vous abandonne. John, tu peux achever le « Chant de mort d'*Horus* » ? La mélodie est vraiment très belle. Toi, Théo, j'aimerais que tu revoies les paroles de la chasseresse. Tu sais : « Si j'avais le ciel pour voler vers toi… »

– Je croyais que notre boulot était terminé ! protesta Théo. Elle n'est pas chouette, ma chanson ?

– Un peu trop guimauve.

– C'est ta façon de chanter qui est tarte ! grogna Théo.

Elle lui planta un baiser sur le front :

– Essaie, tu veux bien ? Pour me faire plaisir.

Elle s'échappa en courant. Dès qu'elle eut franchi le seuil de la classe, Théo adressa un regard de commisération à John :

– Un vrai démon, tu as raison.

L'Américain sourit avec philosophie :

– Un beau démon.

Une heure plus tard, comme elle sortait de la répétition de *La beauté du diable*, Marion fut abordée par Jason.

– J'ai appris que tu travaillais sur un projet personnel, fit-il.

Elle haussa les épaules, désinvolte :

– Un projet, c'est beaucoup dire. Plutôt une idée.

– Tu as constitué une équipe, insista Jason. Marshall, Massimo, Bergui. L'atelier des décors travaille pour vous.

– Des esquisses.

– Tu l'ignores peut-être, mais les étudiants doivent m'informer en priorité des projets qui engagent l'Art School. En ce qui concerne le tien, on m'a parlé d'un opéra-rock. C'est ambitieux, disproportionné. Nous organisons déjà un spectacle de grande envergure, *Minos*, qui mobilise la plupart des étudiants de dernière année.

Il avait beau afficher un air sévère, l'instinct de la jeune fille lui laissait sentir qu'il était troublé par sa présence, alors qu'elle se sentait étrangement à l'aise. Elle s'avança plus près de lui et plongea son regard dans le sien :

– Je ne savais pas très bien où nous allions, murmura-t-elle, c'est pourquoi je n'ai pas voulu vous déranger. À présent, notre projet se précise, et j'ai besoin de vos conseils. Je me souviens des paroles exactes de votre discours. Vous avez dit : « Noyez-moi sous les idées. » On vous a pris au mot. Notre projet est peut-être nul. À vous de le dire.

Il s'écarta pour demander d'une voix sèche :

– Quand pouvez-vous présenter votre travail ?

– Le 11 ou le 12 février, si ça vous convient.

– Le 12, alors. Ici même, à vingt heures.

Elle sourit en fermant les yeux comme si son rêve le plus cher venait de se réaliser, donnant l'occasion à Jason d'admirer ses longs cils, la finesse de ses traits et la perfection émouvante de son corps sous sa robe de laine. Cette fille était d'une beauté à couper le souffle. Il l'avait vue danser, jouer la comédie. Il l'avait entendue chanter. Elle accomplissait tout cela à la perfection. Elle avait les meilleures notes de sa promotion dans presque toutes les matières. Il était impatient de savoir ce que valait ce mystérieux *Horus* qui indisposait tant ses professeurs.

Marion Revzany était à coup sûr ambitieuse. Il ne la connaissait pas encore assez pour savoir si c'était une qualité ou un défaut. Tout, chez elle, avait l'air innocent et spontané ; tout était calculé avec un art consommé. Quelques années auparavant, Jason avait rencontré quelqu'un de semblable, une jeune actrice du nom de Flora Michèle. Elle avait épousé David Harris, propriétaire de l'Art School, et faisait actuellement carrière à Hollywood. Mais Marion était encore plus belle, plus sensuelle, plus bouleversante. Dangereuse pour un directeur artistique qui devait rester à distance de ses étudiantes.

Chapitre 8

Les musiciens accordaient leurs instruments. Sur la scène, les comédiens attendaient sagement. Laure Visconti se glissa au premier rang du théâtre, entre Armèle et Laurent :

– Désolée, je suis en retard.

– Inutile de t'affoler, dit Armèle. Mélanie a téléphoné : elle est souffrante !

Laure leva les yeux au ciel :

– Juste aujourd'hui ! On a eu un mal fou à réunir toute la troupe.

Laurent poussa un soupir résigné :

– Il faut vous y faire : c'est un début de pneumonie, son absence risque d'être longue !

– Si on différait la représentation? suggéra Armèle.

Ludovic Magimel, assis un peu plus loin, se pencha pour demander :

– On ne peut pas répéter sans Mélanie ?

– La chorégraphie tout entière tourne autour d'Ariane, rappela Armèle, agacée.

– Alors, qu'est-ce qu'on fait ? On annule ?

– Pas question d'annuler ! décréta Jason, assis derrière eux.

Armèle haussa les épaules :

– Personne ne peut prendre la place de Mélanie, et, sans elle, c'est du temps perdu.

– Pareil pour le chant, dit Laure. On peut répéter les chœurs, c'est tout.

– Trouvons une remplaçante, proposa Jason.

Il se leva et chercha une candidate parmi les étudiantes de dernière année venues assister à la répétition. Son regard s'arrêta sur Marion :

– Tu veux bien essayer ?

La jeune fille ouvrit des yeux effarés et secoua la tête :

– Pas moi, non !

– Pourquoi pas ? Tu es la seule, ici, à pouvoir nous permettre d'avancer.

Elle continua à secouer la tête avec une énergie farouche :

– Je ne connais ni la musique ni les paroles,

encore moins la chorégraphie, je ne vous servirais à rien.

– On ne te demande pas de faire ton show ! s'irrita Armèle.

« Elle est furieuse parce que Jason m'a distinguée et elle a envie de me voir me ridiculiser », pensa Marion.

La méchanceté du ton la décida. Elle avait quelque chose à prouver, et elle bénissait Jason de lui en offrir l'opportunité. En réalité, elle était loin d'être aussi ignorante qu'elle le prétendait. À plusieurs reprises, elle avait assisté aux répétitions de *Minos* et assimilé l'essentiel des chansons et des danses du premier acte. Chez elle, elle s'était entraînée pour se rendre compte si elle était capable de faire mieux que Mélanie. Cependant, il y avait un monde entre s'exercer devant un miroir et se produire en public.

– OK, je vais me mettre en tenue, soupira-t-elle.

Quelques minutes plus tard, elle revint en collant et en chaussons noirs. Les spectateurs l'applaudirent bruyamment.

– Aidez-moi, au lieu de vous payer ma tête ! demanda-t-elle.

Elle se tourna vers le rang des professeurs :

– Laure, donnez-moi le texte des chansons, et vous, Armèle, montrez-moi les figures.

Le ton péremptoire déplut à Armèle. Marion

s'en réjouit. Tandis qu'elle rejoignait les danseurs, l'un d'eux, Arnold, lui sourit :

– Tu es sympa, tu sais.

– Tu diras ça après, répliqua-t-elle en simulant une nervosité excessive.

Les musiciens commencèrent à jouer le thème principal. Armèle lui décomposa chaque mouvement de danse. Marion avait une excellente mémoire ; de plus, elle avait répété ces figures des dizaines de fois. Quant aux paroles des chansons, elle les connaissait par cœur. Pour donner l'impression qu'elle les découvrait, elle fit exprès de se tromper à plusieurs reprises, puis elle prit de plus en plus d'assurance. *Minos* était réellement une œuvre géniale, pleine de fantaisie et d'imagination.

De temps en temps, Armèle interrompait le spectacle pour corriger les danseurs et régler la chorégraphie. Marion se pliait docilement à ses exigences. Elle sentait sur elle les regards étonnés de Laure, Ludovic et Laurent.

– Sacrément douée, pour une novice ! lui glissa Arnold en la soulevant de terre.

Marion écarta les bras et se cambra gracieusement vers le sol. Mouvement d'oiseau. Elle souriait maintenant. Tout était merveilleusement facile. Au signal, elle chanta les pleurs d'Ariane, l'héroïne, abandonnée sur une île par celui qu'elle aimait.

« Dommage qu'ils ne m'aient pas confié le

rôle ! songea-t-elle avec exaltation. *Horus* ne vaudra jamais *Minos*. Par contre, Mélanie ne pourra pas rivaliser avec moi ! »

Quand la répétition se termina, Armèle lui adressa un remerciement du bout des lèvres. Laurent, lui, fut plus chaleureux. Il s'inquiéta :

– Ce n'était pas trop difficile ?

Elle lui adressa un sourire crispé :

– Un peu.

– Tu t'en es bien tirée, et tu nous as rendu un grand service. Le spectacle est pour début juin. Nous n'avons plus un jour à perdre.

– Ce sera merveilleux, dit Marion avec sincérité.

– Et ton projet ? On finit par ne plus y croire, en profita pour glisser Laure Visconti.

– On n'y croit plus du tout, ajouta Armèle avec aigreur.

– La présentation est prévue pour jeudi, intervint Jason. Ce que m'a dit Marion est assez intéressant pour qu'on patiente.

– Patientez, je vais prendre ma douche, plaisanta Marion en lançant un regard moqueur à Armèle.

Comme elle passait devant Jason, il murmura discrètement :

– J'ai à te parler.

Un quart d'heure plus tard, elle frappa à la porte de son bureau, qui n'était jamais fermée. Il abandonna ses dossiers et vint à elle en souriant :

– Tu aimes bien surprendre les autres, pas vrai ? Cette fois, tu n'as pas raté ton effet.

Elle prit l'air étonné :

– Vous parlez de *Minos* ? Je l'ai découvert comme vous.

– Tout le monde s'étonne qu'on ne t'ait pas attribué le rôle d'Ariane. C'est ce que tu souhaitais, non ?

– Je n'ai pas voulu...

– Faux : tu en rêvais !

Le rire silencieux du faune finit par la mettre hors d'elle :

– Je ne trouve pas ça très drôle.

Il la regarda, dressée, crispée, frémissante, plus belle encore tout à coup. « Dommage que je ne sois plus étudiant ! » pensa-t-il.

Depuis des jours et des jours, il assistait à toutes ses auditions et ses répétitions. Il la regardait, sans se lasser, danser, chanter, jouer, rire, rêver. Et il se demandait si cette assiduité avait échappé aux autres. Déjà, Joss lui avait fait remarquer : « Tu ne t'es jamais autant intéressé au modern-jazz ! » Mais la Roumaine était son amie.

– Tu ne veux pas t'asseoir ? proposa-t-il gentiment.

Marion se mordit les lèvres :

– Je ne peux pas.

– Problème de vertèbres ? railla-t-il.

– Non, je suis trop tendue. J'aurais dû rester sous la douche.

Il regarda son T-shirt collé à sa peau humide. Il la prit par les épaules et la força à s'asseoir.

– Il te reste du temps avec tout ce que tu as entrepris ? demanda-t-il. *Les enfants terribles, Pygmalion, La beauté du diable, Bruges*, sans parler d'*Horus*...

« Il connaît mon emploi du temps par cœur », constata-t-elle, étonnée et vaguement flattée. Elle avait retrouvé son calme et se sentait de nouveau sûre d'elle.

– Je parie que vous allez me parler d'Alter Ego, dit-elle.

– Que sais-tu d'Alter Ego ?

– C'est une troupe théâtrale d'avant-garde que vous avez créée. Vous recrutez de jeunes comédiens, des auteurs aussi. Vous montez des pièces contemporaines sur la scène du Roy d'Espagne.

Jason applaudit :

– Tu sais bien ton texte.

– Vous voulez que je participe à l'un de vos spectacles ?

– Pas du tout !

Elle trouva le ton dédaigneux et se sentit humiliée :

– Je n'ai pas assez de talent ?

Il la laissa un long moment dans le doute avant de demander :

– Tu as déjà tourné dans un film ?

Elle fit la moue :

– Quelques bouts d'essai, ici, à l'Art School.

– Je les ai visionnés. J'aimerais que tu participes à un casting.

– Moi ?

– Surtout, ne t'emballe pas : tu as ta chance, mais il y aura beaucoup de candidates. Les auditions sont des expériences difficiles : les règles changent tout le temps et le choix n'est pas toujours rationnel.

– Quand ? dit seulement Marion, rouge de plaisir.

Chapitre 9

– Tu n'étais pas forcée d'accepter ! répéta Mélanie.

Marion s'agita sur sa chaise :

– Ils étaient tous là à me supplier, Laure, Laurent, Jason, Armèle elle-même.

– Ah ! Parce que M. Masur était là, lui aussi ! Je comprends pourquoi tu as été si éblouissante ! s'écria la malade, dont le rire nerveux s'acheva en une quinte de toux.

Marion regarda avec contrariété les yeux cernés et les pommettes violettes de son amie. Mélanie avait encore de la fièvre, et la tournure prise par leur conversation ne risquait pas de la tempérer.

– Éblouissante, tu parles ! J'ai été nulle, complètement perdue. Armèle, qui voulait régler sa chorégraphie, a été servie !

– Ce n'est pas ce qu'on m'a raconté, s'entêta Mélanie.

– Qui, on ?

– Tout le monde.

Marion haussa les épaules, mal à l'aise. C'est vrai qu'elle avait menti en prétendant ignorer le rôle, mais elle l'avait fait sans arrière-pensée vis-à-vis de Mélanie. Fuyant le regard de son amie, elle examina le jardin minuscule et la façade percée de quatre fenêtres. La maison de Mélanie faisait penser à un modèle réduit. Les deux jeunes filles se trouvaient dans un bâtiment bas attenant, une sorte de garage transformé en atelier d'artiste par M. Forestier, le père de Mélanie. Elle avait là son piano et son chevalet de peinture.

– C'est toi qui les as dessinés ? demanda Marion en admirant les portraits accrochés aux murs.

– En te voyant, ils ont dû regretter de m'avoir choisie, murmura la malade, au bord des larmes.

– Arrête avec cette histoire ! s'écria Marion. Je te jure que c'est bien la première et la dernière fois que je m'occupe de *Minos*. J'ai assez de problèmes comme ça avec mon projet.

– Si tu as tant de travail, pourquoi tu étais là ?

– Là ?

– Au théâtre. Ne me dis pas que c'était par hasard !

– J'étais venue te voir danser. Comment aurais-je su que tu étais malade ? Qu'est-ce que tu insinues, au juste ? Que je cherche à prendre ta place ?

– Je n'ai pas dit ça, répliqua Mélanie d'un ton maussade. N'empêche que c'était une belle revanche pour toi, surtout vis-à-vis d'Armèle.

Marion secoua la tête :

– Armèle ne peut pas m'encadrer, et ce n'est pas mon misérable numéro d'avant-hier qui la fera changer d'avis.

– Pourtant elle a fait des compliments de toi, et Jason t'a convoquée dans son bureau.

– Tu es bien renseignée, dis-moi !

Elle accompagna ces mots d'un rire désinvolte, mais elle était furieuse du tour pris par leur conversation. Quelqu'un l'avait calomniée auprès de son amie, et il avait dû être très persuasif pour inciter la douce Mélanie à sortir ses griffes. Un instant, elle fut tentée de lui parler de la vraie raison de la convocation de Jason et du casting, puis elle se dit qu'elle ne ferait que susciter la jalousie de Mélanie, sans parler de sa satisfaction si elle n'obtenait pas le rôle. Soudain, elle la voyait avec d'autres yeux, comme si leur rivalité avait détruit leur amitié. Cette constatation lui serra le cœur.

– Le rôle d'Ariane est écrasant, soupira Mélanie. Je me demande si je ne ferais pas mieux d'abandonner.

« Elle dit ça pour me mettre à l'épreuve, pensa Marion. Elle guette ma réaction. »

Elle caressa les beaux cheveux blonds, tout défaits, de la malade :

– Tu es épuisée. Tu veux que je te laisse ?

Au même instant, par la baie de l'atelier, elle vit un jeune homme traverser le jardin. C'était Rémy.

– Tu ne m'avais pas dit qu'il viendrait, s'étonna-t-elle.

À l'air embarrassé de Mélanie, elle comprit que cette visite était imprévue.

– Salut ! lança Rémy en ouvrant la porte vitrée.

– On vient apporter un peu de réconfort à la pauvre mourante ? plaisanta Mélanie avec un entrain forcé.

« Ce n'est pas la première fois qu'il vient », devina Marion. Cette révélation était d'autant plus surprenante que les deux jeunes gens ne se fréquentaient guère jusqu'à présent, Mélanie jugeant Rémy ennuyeux. Là, Mélanie avait beau prendre l'air indifférent et Rémy afficher une certaine désinvolture, il était évident qu'ils s'étaient rapprochés. « Voilà pourquoi Mélanie est si bien renseignée, pensa Marion. Rémy lui raconte tout ce qui se passe. Il le fait à sa manière pour la monter contre moi ! »

– Tu as trouvé une partenaire pour *Iphigénie* ? demanda-t-elle.

– La meilleure, prétendit-il, tout faraud.

Marion sourit :

– Tu vois bien ! On peut savoir qui c'est ?

– Moi, répondit Mélanie avec précipitation. Je voulais te le dire, et puis j'ai oublié.

Marion perçut chez Rémy une secrète jubilation, et cette attitude l'exaspéra. Ce petit complot monté dans son dos ne l'étonnait pas de la part du garçon. Mélanie, par contre, l'avait habituée à plus de franchise.

– Je vais vous laisser, dit-elle en se levant.

– Tu vas répéter *Minos* ? railla Rémy.

Mélanie pouffa nerveusement, avant de reprendre son sérieux et son air faussement désolé.

« Décidément, la bêtise est contagieuse », pensa Marion.

Chapitre 10

L'Art School avait beau vivre à un rythme joyeux et endiablé, Marion était envahie d'une tristesse inhabituelle. Elle, si rieuse, arborait une mine sombre, et la pluie qui noyait la ville n'arrangeait rien.

– Tu as des problèmes ? s'enquit John.

Elle abandonna la contemplation de l'orage, mais le sourire qu'elle voulait radieux ne devait pas être très convaincant, car il insista :

– Tu t'inquiètes pour *Horus* ?

Elle secoua la tête :

– Ta musique est géniale.

– Grâce à toi, Marion.

Elle haussa les épaules :

– Moi ou une autre…

Pourquoi cette brusque envie de fondre en larmes et ce sentiment de culpabilité chaque fois qu'elle pensait à Mélanie ? Sa meilleure amie s'était mise à la détester, et Rémy l'accusait de tous les crimes de la Terre.

– Tu me trouves ambitieuse ? demanda-t-elle.

– Bien sûr ! dit John sans hésiter.

– Prête à tout pour réussir ?

– C'est bien possible !

Bien qu'il l'eût dit sur le ton de la plaisanterie, elle sentait qu'il en était intimement convaincu. Elle faillit ajouter : « Jusqu'à trahir ma meilleure amie ? » Mais elle connaissait la vérité : jamais elle n'aurait fait de mal à Mélanie.

Elle était vaniteuse, ça, oui. Mais, si c'était un péché d'orgueil, de vouloir être appréciée à sa juste valeur, qui à l'Art School ne l'avait pas commis ?

– J'ai eu tort de prendre la place de Mélanie, l'autre jour !

Elle réalisa qu'elle avait parlé à voix haute. John se mit à rire :

– J'avais plutôt l'impression que c'était Mélanie qui avait pris la tienne.

– Tu le penses vraiment ?

– Tout le monde le pense.

Heureuse, elle écrasa ses lèvres sur les siennes.

– Tu as de ces façons de dire merci ! dit John en reprenant son souffle. En tout cas, je suis ravi que Mélanie ait décroché le rôle à ta place.

Il attendit quelques instants, jouissant de la contrariété de Marion, avant de poursuivre :

– Sinon, on n'aurait pas travaillé ensemble, toi et moi.

En récompense, il eut droit au sourire qu'il aimait tant.

– Tu es gentil, toi, soupira Marion.

– Ouais, je suis assez sympa comme mec.

Elle allait se blottir dans ses bras quand elle vit accourir Jason.

– On te cherche partout ! lança-t-il. Ton audition est dans une heure, rue Monge. Les autres sont déjà là-bas.

– Vous aviez dit après-demain ! dit-elle, consternée.

– Quelle audition ? demanda John.

Elle lui lança un petit sourire coupable :

– Je t'expliquerai.

Elle se tourna vers Jason, un peu affolée :

– Pourquoi ne m'avez-vous pas prévenue ?

– Je t'ai téléphoné. Tu n'écoutes jamais tes messages ?

– Je n'ai pas le temps.

– Pas le temps !

Il se mit à marcher si vite qu'elle avait du mal à le suivre. Dans sa précipitation, elle n'entendit pas John lui souhaiter bonne chance. Elle se sentait perdue.

– Je ne sais même pas où c'est.

– 14, rue Monge, DKS, la société de production de l'Art School. Tu vas rencontrer David Kazan.

Intimidée, elle demanda d'une petite voix :

– Comment j'y vais ?

– Tu m'accompagnes. J'ai rendez-vous avec David. Le film s'appelle *Gardens under the rain.*

– C'est un film américain ?

– Franco-américain : DKS est associé à New Way.

Ils atteignirent le parking de l'académie. La petite voiture de Jason était bourrée de papiers, de costumes et d'accessoires de théâtre. Marion dut déplacer une pile de dossiers pour s'asseoir sur le siège avant. Elle eut à peine le temps de boucler sa ceinture de sécurité que Jason fonçait déjà le long des rues. Tout en conduisant, il expliqua :

– C'est un petit rôle, quelques répliques, mais c'est Russel Bradley qui réalise. Pas mal, pour un bout d'essai.

– Il sera là ?

– Son assistant, et la directrice de casting, sans doute.

Marion s'agrippa au tableau de bord à la suite d'un coup de frein brutal.

– Qu'est-ce qu'il faudra que je fasse ?

– Lire ton texte, c'est tout.

Elle le regarda, désemparée :

– Quel texte ? Je n'ai pas eu le temps de me préparer.

– Les autres non plus.

– Je suis enrouée !

– C'est le trac.

Il s'en moquait ! Pourtant, elle ne plaisantait pas : elle avait mal à la gorge depuis son réveil. « Mélanie m'a contaminée, c'est le comble ! » pensa-t-elle.

La DKS était installée aux deux premiers niveaux d'un immeuble de construction récente. Après avoir garé sa voiture, Jason confia Marion à une assistante et disparut. La jeune fille entra dans une salle occupée par une dizaine de candidates. En les reconnaissant, elle se rassura : elles étaient toutes élèves de l'académie. Le matin même, elle avait bavardé avec trois d'entre elles, Julie, Judith et Béatrice. Mais elles s'étaient bien gardées de lui parler de l'audition, et Marion n'avait pas été plus bavarde.

– C'est quoi, ce rôle ? demanda-t-elle.

– Une nurse, dit Judith.

– Non, une baby-sitter, rectifia l'une des candidates.

– La baby-sitter de David Kazan, moi, je veux bien, chuchota Béatrice.

Elles pouffèrent nerveusement.

– Vous passerez par ordre alphabétique, les prévint l'assistante. Irina Alberto !

La première nommée se leva, plus morte que vive, et suivit la jeune femme vers une pièce voisine. Marion calcula qu'elle serait la dernière. Mince avantage, car, bien qu'elle fût meilleure comédienne que les autres, elle travaillait d'ordinaire ses textes et sa gestuelle. Tandis que, là… Une simple lecture ! Elle aurait préféré encore une improvisation.

Cinq minutes plus tard, Irina revint, désemparée :

– On dirait un interrogatoire de police. Il faut répondre en américain. Je n'ai dit que des âneries !

Marion essaya de se rassurer : elle avait toujours été douée pour les langues. Une à une, les candidates disparurent. Marion se retrouva seule avec Isabelle Paoli, une gentille fille sans grande personnalité. Puis son tour vint. Elle essaya de se rappeler les conseils qu'on leur avait prodigués en cas d'audition, mais ses pensées étaient confuses. Elle portait un vieux jean et une chemise de gros lainage. « J'ai l'air d'une fermière ! » se dit-elle avec dépit.

La salle, petite, était à moitié plongée dans l'ombre. Au-delà des projecteurs Marion distingua trois personnes, deux hommes d'une vingtaine d'années et une femme plus âgée. Jason était absent. Elle reconnut David. Le patron de l'Art School était venu à plusieurs reprises assister aux cérémonies de l'académie depuis la tribune du Jardin du ciel. C'était la première fois qu'elle le voyait d'aussi près. Elle le trouva encore plus beau que dans son souvenir. Blond, athlétique, hâlé. Pas très souriant. Il répondit à peine à son bonjour. Ce fut le deuxième homme qui interrogea Marion en américain. Il était fébrile, bavard et avalait la moitié de ses mots. Elle dut faire de gros efforts pour résister aux rafales de questions qui s'abattaient sur elle : Elle avait dix-sept ans et finissait sa dernière année d'Art School. Oui, elle pouvait séjourner aux États-Unis ; non, elle n'avait jamais fait de cinéma ; oui, elle savait danser. Voulait-il qu'elle danse ? Une de ses réponses dut être hors sujet, car tous trois se mirent à rire de bon cœur.

– Bien, dit David en se levant. Voici ton texte. Je vais te donner la réplique. Il s'agit d'un homme qui recherche une baby-sitter pour veiller sur son fils. La fille est une étudiante française à New York. Lui – moi en l'occurrence – est un homme d'affaires de Wall Street, le genre sérieux, autoritaire et pressé. La fille est dépaysée. Tu lis une fois les dialogues, et on commence, OK ?

Si elle avait su, avant d'entrer, qu'elle allait

avoir ce bel acteur pour partenaire, Marion aurait été paralysée par le trac. Là, curieusement, elle se sentit à l'aise. Elle sourit même en se souvenant de la plaisanterie de Béatrice : la baby-sitter de David !

– Joli sourire, observa David en prenant les deux autres à témoin.

Marion se troubla :

– Je suis enrouée.

– Jolie voix aussi, plaisanta David.

« Il cherche à me détendre, mais il ne choisit pas la bonne méthode », pensa-t-elle. Elle fit un effort pour se concentrer sur son texte qui, heureusement, était en français. D'emblée, le personnage masculin lui parut dur et condescendant, et la baby-sitter gauche et timide. Jugeant l'attitude de l'homme humiliante, elle décida de donner à ses répliques un fond d'agressivité.

– Quand tu voudras, l'invita David.

Elle prit une grande inspiration et commença :

– Pourrais-je voir l'enfant ?

David prit un ton cassant pour répondre :

– Vous le verrez tout à l'heure. Parlons des conditions. J'exige de la ponctualité.

– Moi aussi… Enfin, je veux dire, je suis toujours à l'heure.

– Si je ne suis pas rentré à minuit, vous devrez m'attendre.

– Bien, monsieur.

– L'enfant doit dormir.

– Ça, je ne suis pas maîtresse de son sommeil.

– Savez-vous raconter des histoires ?

– En américain ?

David haussa les épaules :

– Will a quatre ans !

– Je connais le Petit Chaperon Rouge, la Petite Sirène…

David la coupa grossièrement :

– De toute manière, il ne s'agit que d'un essai.

– Pour moi aussi !

Le texte s'interrompait sur ces mots.

– C'est tout ? demanda Marion.

David acquiesça :

– On s'arrête là parce que vous n'êtes pas retenue.

Devant l'air déconfit de Marion, il réprima un sourire :

– Je parle de la baby-sitter, pas de la comédienne. Le rôle n'est pas encore attribué.

Marion mit une main sur son cœur comme si elle avait éprouvé la peur de sa vie. Puis elle essaya d'échapper au regard de David, qui l'examinait avec une insistance qui la mettait mal à l'aise. Il finit par dire :

– Jason m'a beaucoup parlé de toi. Il m'a dit que tu avais une jolie voix.

Elle fit la moue :

– Aujourd'hui, question voix, c'est plutôt raté.

– Parle-moi du spectacle que tu prépares.

– *Horus* ?

Elle le regarda, sidérée. Que lui avait dit ce fou de Jason ?

Elle lui résuma le thème de l'opéra, puis elle parla de la musique, de la chorégraphie, de ses idées de mise en scène. Peu à peu, elle s'animait, oubliait son embarras. David la regardait en souriant. Croyant qu'il se moquait d'elle, elle s'interrompit. Il demanda :

– C'est quand, ton spectacle ?

Elle se récria :

– Ce n'est pas un spectacle, seulement quelques séquences. C'est demain, et je n'ai plus de voix !

Son air désespéré sembla amuser David.

– Tu pourrais reporter ton numéro à la semaine prochaine ? demanda-t-il.

– Pourquoi ? fit-elle, intriguée.

– J'aimerais être là pour te voir danser et t'entendre chanter.

Elle vit qu'il ne plaisantait pas. Ses mains se mirent à trembler ; elle les noua derrière son dos. À cet instant, l'assistante poussa la porte pour annoncer que d'autres candidates étaient arrivées. David lui demanda :

– Je dois me rendre à l'Art School. Jeudi prochain, c'est possible ?

L'assistante consulta un carnet :

– À seize heures.

David tendit la main à Marion :

– À jeudi.

– Mais… M. Masur ? balbutia-t-elle.

– Je m'occupe de Jason.

Elle quitta la pièce dans une sorte de brume dorée. Le célèbre David Kazan s'intéressait à elle au point de se déplacer spécialement pour la voir sur scène. Dans huit jours, il serait temps de trembler. Pour l'instant, l'euphorie l'empêcherait d'y penser.

Dans la salle où elle avait attendu, plusieurs jeunes femmes étaient assises. Marion reconnut parmi elles des comédiennes connues, Pola Bellini et Marilyn Descour. Cette dernière lui sourit gentiment :

– Ça s'est bien passé ?

Marion fit une petite grimace :

– L'audition ? Je ne sais pas. Vous êtes là pour ça, vous aussi ?

– La baby-sitter, oui, dit Marilyn.

« Tant de talcnts pour un si petit rôle ! Je n'ai aucune chance ! » pensa Marion. Elle aurait dû être inquiète, mais le charme de David opérait encore. Elle était sur un nuage.

Chapitre 11

En arrivant au théâtre, Marion se fit sermonner par Guillaume Richelme parce qu'elle avait huit minutes de retard.

– Il n'y a pas le feu ! répliqua-t-elle en riant.

– Très drôle ! grommela le prof.

La pièce en un acte s'intitulait *Le feu du ciel*. C'est Théo qui l'avait écrite, et c'est lui qui incarnait Jack, le personnage principal. Scénariste de talent, il était gauche et maladroit comme comédien. Or, il avait imaginé une histoire d'amour délirante entre ses deux héros sans prévoir qu'il incarnerait Jack, et Marion, Jessica.

D'abord, la perspective de tenir dans ses bras

la délicieuse Marion l'avait ravi. Puis il s'était rendu compte que l'exercice n'était pas aussi facile et agréable que prévu en présence d'une classe de quarante élèves prêts à se payer sa tête, et face à une partenaire qui n'avait pas froid aux yeux et prenait un malin plaisir à le troubler.

Guillaume frappa le sol avec sa canne :

– On reprend à partir du moment où Jack revient du jardin.

– « J'ai faim » ? dit Théo.

– C'est ça, « J'ai faim ». Enchaîne !

Théo sortit de scène, puis fit son entrée en soupirant :

– J'ai faim.

– Non, dit Guillaume, tu dors à moitié. On dirait que tu viens de faire la sieste. Tu travaillais en plein air, et tu reviens affamé, OK ?

Théo disparut et revint en hurlant un « J'ai faim ! » si tonitruant qu'il déclencha un éclat de rire général.

– Moi aussi, dit Jessica d'une voix rêveuse.

Étendue sur une chaise longue, elle lisait un livre et semblait absorbée par son histoire.

– Qu'est-ce qu'on mange ? lança Jack.

– *Les Nourritures terrestres*, murmura Jessica.

– Très drôle !

Jessica leva les yeux et s'aperçut de la présence de Jack :

– Pardon, je croyais que tu me demandais le titre de mon livre.

– Je me fiche de ton livre. J'ai faim ! tempêta Jack.

Jessica s'étira comme une chatte et soupira :

– Quelle heure est-il ?

– Presque deux heures.

Elle se leva, jeta son livre sur la chaise longue et s'approcha de Jack :

– Tu n'as pas une petite envie ?

– Envie de macaronis, ou d'œufs au plat, ou de pizza au chorizo.

Elle noua les bras autour de son cou :

– Quelque chose de plus léger, non ?

Marion portait une jupe ultracourte et un débardeur qui dévoilait les épaules et la naissance des seins. Ses lèvres cherchaient celles de son partenaire. Ému, au lieu de dire « D'abord mes œufs », Théo bafouilla :

– D'abord mes yeux !

Après un moment de stupeur, le rire secoua le théâtre. Marion en pleurait.

– Ben quoi ! Tout le monde peut se tromper, râla Théo, vexé.

– Tu cherches à améliorer ton texte ? ironisa Guillaume.

Les rires se turent. La répétition reprit, mais Marion s'amusait maintenant à troubler son partenaire. Ses baisers étaient plus longs, plus profonds, et le pauvre Théo devait faire des efforts inouïs pour rester fidèle à son personnage. Guillaume le rappela à l'ordre :

– Une fois encore, tu es trop mou ! Tu as faim et tu es furieux, secoue-toi ! Jessica se moque de toi. Tu n'as qu'une envie, c'est de passer à table !

– Si vous croyez que je pense à la bouffe ! grommela Théo. Elle le fait exprès !

– Qu'est-ce que je fais ? demanda Marion avec innocence.

– Tu le sais très bien !

– Désolée, non, explique-moi.

– Tu me rends dingue, si tu veux savoir !

Sans tenir compte des fous rires des spectateurs, Marion prit le texte de la pièce et le mit sous le nez de Théo :

– C'est bien toi qui as écrit : « Elle l'embrasse » ? Et là : « Elle l'embrasse plus longuement » ? Maintenant, on peut toujours supprimer la scène, si elle te déplaît.

– Mais non, justement ! soupira Théo.

– Je vois, monsieur n'est pas satisfait de sa partenaire, dit Marion.

Elle s'adressa à la salle :

– Si quelqu'un veut prendre ma place…

– Moi, je veux bien prendre celle de Théo ! cria Éric.

– Pas question de supprimer quoi que ce soit, intervint Guillaume. Cette scène est importante.

Les gestes du théâtre sont plus marqués que les gestes de la vie, et la situation que tu as imaginée, Théo, ne peut être drôle que dans l'exagération. Dans la vie, qui pourrait être assez fou pour préférer les œufs au plat aux baisers passionnés d'une jeune fille ?

– Pas moi ! lança Éric.

Guillaume se tourna vers la salle, furieux :

– C'est sérieux, ce que je vous dis. Sur scène, la pudeur n'est pas une vertu, sauf si elle est inscrite dans le texte, ce qui n'est certes pas le cas du *Feu du ciel*. Et c'est bien ton paradoxe, Théo. Si ton écriture est si audacieuse, c'est sans doute pour compenser ta timidité en public. C'est pourquoi je t'ai choisi : pour t'aider à surmonter tes inhibitions et à assumer ton personnage. Allez, on enchaîne !

Ils continuèrent à répéter pendant une demi-heure, au cours de laquelle Marion cessa de provoquer son partenaire.

– C'est mieux, apprécia Guillaume en mettant fin à la répétition.

Quand la salle fut vide, Théo encercla de ses mains le cou de la comédienne :

– Je devrais t'étrangler !

Elle leva les bras et esquissa un pas de danse :

– Ce serait du gaspillage, non ?

Réalisait-elle à quel point elle était cruelle de jouer ce jeu-là avec lui ? Elle n'agissait jamais de la sorte avec les autres. Elle se montrait, au contraire, distante et réservée, sauf avec John, son amant. « Si au moins elle n'était pas si belle ! » songea-t-il. Travailler avec elle durant trois mois avait été tantôt un supplice, et tantôt un pur bonheur. Il avait beau savoir qu'il était maladroit et ingrat, qu'il n'aurait jamais le moindre espoir de sortir avec elle, il préférait souffrir en sa présence que d'essayer de l'oublier. Et il redoutait le jour où, *Horus* achevé, il devrait lui dire adieu.

– J'ai revu les paroles du « Chant sacré », annonça-t-il.

– C'est vrai ? Montre !

Tandis qu'il allait chercher la chanson glissée dans son blouson, elle manifesta une impatience enfantine, puis elle lui arracha le texte des mains et le lut avec avidité.

– J'aime ! murmura-t-elle.

Théo sourit. Il avait au moins les mots pour la séduire, à défaut de tout le reste.

– Il faut que je l'apprenne pour demain, dit-elle. Je me demande ce que je vais mettre : ma robe rouge ou mon collant noir… Le collant, ce sera mieux, et sur les cheveux, mon bandeau, celui que j'avais pour *Le bal des fous*…

Elle repartait dans ses rêves. Il se plut à la voir bouger, sourire, fredonner le « Chant sacré ». La douceur de sa voix !

– Qu'est-ce que tu regardes ? finit-elle par dire.

– Horus.

Elle lui flanqua une bourrade amicale :

– Drôle d'oiseau, non ?

Chapitre 12

La nuit précédant le jour du spectacle, « la cérémonie d'Horus », comme l'appelait Théo, Marion dormit paisiblement dans les bras de John. Mais le lendemain, alors qu'elle entrait à l'Art School, la panique s'empara d'elle. La nouvelle de la visite de David Kazan avait fait le tour de l'école. Tous les yeux étaient braqués sur elle, admiratifs, curieux, envieux, ou carrément hostiles dans le cas d'Armèle et de Laurent, qui la prenaient pour une petite intrigante. Même Laure Visconti, jadis son amie, lui témoignait une froideur qui la blessait.

Durant la classe de chant, elle fit comme si

Marion n'existait pas. Puis, à la fin de l'heure, elle la prit à part :

– Si tu étais venue me voir plus tôt, j'aurais pu te conseiller, t'aider.

– J'allais le faire, prétendit Marion.

Le visage de Laure se crispa :

– Tu n'en fais qu'à ta tête, comme toujours. Tu crois tout savoir. Il n'y a que toi qui comptes, ta voix, ta beauté, ta réussite, et tu t'imagines que tu arriveras mieux toute seule qu'en écoutant nos conseils. Tu apprendras à tes dépens que ce n'est pas si facile, aussi douée qu'on soit. On a toujours besoin d'apprendre.

– Mais je sais cela ! s'écria Marion, à bout de nerfs. Ce que je vais présenter n'est qu'une ébauche, tout le travail reste à réaliser.

– C'est pour ça que tu as invité David Kazan à ton exhibition ?

– Invité ? se cabra Marion. Je ne le connais même pas. C'est tout juste si on a bavardé cinq minutes. Il m'a annoncé qu'il viendrait. Je n'ai rien demandé, et, si je n'en ai pas parlé, c'est que je pensais qu'il changerait d'avis. Je l'espérais même.

– Calme-toi, conseilla Laure en la voyant au bord des larmes. Je voulais juste te faire comprendre que cette visite était prématurée et que tu prenais des risques inutiles. C'est dans ton intérêt que je te dis ça. Dans quelques mois, ta carrière va débuter. Il vaut mieux briller dans un rôle modeste qu'échouer par excès d'ambition.

Marion, qui avait retrouvé ses esprits, la défia du regard :

– Oui, mais voilà : je ne veux pas d'un rôle modeste.

– À ta guise, dit Laure d'un ton froid.

Marion la quitta aussitôt pour se rendre au théâtre, où Mike et son équipe finissaient de monter le décor. Elle dut parlementer un long moment avant de pouvoir entrer, car le chef d'atelier, qui détestait être dérangé durant son travail, bouclait la salle plusieurs heures avant le spectacle.

– Tu es sûr qu'on sera prêts ? s'inquiéta-t-elle en voyant les panneaux entassés par terre.

– Ne viens pas me casser les pieds ! grogna Mike.

– Il reste moins de deux heures, et le décor joue un rôle capital.

– Tu as entendu ce que je t'ai dit ?

Il lui saisit le bras et la poussa vers la sortie.

– Mike, non ! supplia-t-elle.

Le chef décorateur explosa :

– C'est la quatrième fois que tu nous déranges depuis ce matin ! La prochaine, je te préviens, je démonte tout, et tu te débrouilles avec un plumeau et un tabouret.

Elle se retrouva dehors sans avoir pu ajouter un mot. Mike claqua la porte si violemment que la cloison trembla.

– Il y a de l'orage dans l'air, on dirait !

La jeune comédienne fut soulagée d'entendre la voix de Jason.

– Je vous cherche partout depuis la semaine dernière, soupira-t-elle.

Il fit un geste apaisant :

– Pas de panique ! D'abord, que se passe-t-il, à côté ?

– C'est Mike, gémit-elle.

Il se mit à rire de bon cœur :

– Si c'est Mike, alors, tout va bien.

– Rien n'est prêt et M. Kazan va arriver !

– Il est en bas, dit Jason.

La voyant affolée, il la prit familièrement par la taille :

– Tu n'as rien à craindre : si David est là, c'est qu'il s'intéresse à toi. Un conseil : n'essaie pas de trop en faire. Reste toi-même, telle que je t'ai vue tous ces jours-ci, et ça ira. Oublie le public. David n'est pas venu seul. On en reparlera.

– Et pour le rôle de la baby-sitter ? demanda-t-elle.

Il sourit :

– Viens !

Il la conduisit dans son bureau et s'assit en face d'elle, son visage près du sien :

– Tu as fait une forte impression sur David. Ce monsieur n'a pas l'habitude de se déranger pour rien.

– Mais il ne me connaît pas, ce n'est pas ce bout de dialogue…

– Je lui ai parlé de toi, coupa Jason. Il a pris le temps de visionner tes travaux : *Roméo et Juliette, Antigone, Bruges.*

Elle sourit, soudain radieuse :

– Quand débute le tournage ?

– En juillet, mais ce n'est pas toi qui as le rôle.

Elle le regarda, décontenancée. Toutes ses belles paroles n'étaient donc destinées qu'à la consoler. Elle se résigna :

– J'avais compris en voyant toutes ces célébrités : Marilyn Descour, Léa Derain, Bénédicte Langlois…

Jason secoua la tête :

– Aucune d'entre elles n'a été retenue. C'est une élève de l'académie, Sylvie Lepage, qui a été choisie.

– Sylvie ? murmura Marion, sidérée.

Même avec la meilleure volonté du monde, on ne pouvait considérer Sylvie Lepage comme une bonne comédienne. Une fille sage, gentille, effacée, sans talent ni personnalité.

– L'important, ce n'est pas le rôle, c'est l'avenir, dit Jason avec conviction.

« Oui, mais à force de céder ma place à mes rivales, je serai oubliée avant d'avoir pu saisir ma chance ! » pensa Marion avec amertume.

– Fais confiance à David, ajouta Jason.

Elle se mordit les lèvres : « C'est en moi que je n'ai plus confiance ! »

Chapitre 13

Mike l'avait rudoyée, mais il avait bien travaillé : le décor représentait une vaste forêt vierge dont tous les arbres semblaient vivants.

Par l'œil du rideau rouge, Marion examina le théâtre. La salle était pleine ; les cinq musiciens étaient à leur place. Au premier rang, John et Karim discutaient avec Jason. Olivia Karas, la prof de danse classique, était plongée dans le scénario de huit pages, photocopié par Théo à l'usage des spectateurs. Marion nota que Laurent et Armèle s'étaient installés à l'écart, au milieu d'un groupe d'étudiants particulièrement excités. Armèle s'éventait avec le livret.

Soudain des mains vigoureuses serrèrent les épaules de Marion, qui sursauta. Joss Roudinesco se mit à la masser :

– Tu as bien fait tes échauffements ?

– Depuis un quart d'heure.

– Continue, tu es toujours tendue. Je ne sais pas où tu vas avec ton *Horus*, mais ne te retiens pas, donne-toi à fond, et à la grâce de Dieu ! N'oublie pas la phrase de George Balanchine : « D'abord vient la sueur, puis vient la beauté, si vous avez beaucoup de chance et que vous ayez prié. »

Elle lui donna une claque sur les fesses et regagna la salle. Marion reprit docilement ses exercices jusqu'au moment où les bruits de la salle l'avertirent que le début du spectacle était proche. Écartant le rideau, elle vit arriver David Kazan et Martha Ferrier, suivis de personnages inconnus. Les spectateurs les regardèrent s'installer au premier rang, à gauche de Jason, dans un silence religieux.

Aussitôt, John fit signe à ses musiciens en train d'accorder leurs instruments. Ils devaient interpréter le thème principal d'*Horus* avant le lever du rideau. Marion se tourna vers Pascal Farina, l'un de ses amis comédiens qui assurait la régie avec Yan Xing, chargé de l'éclairage. Pascal leva le pouce pour indiquer que tout était prêt. Derrière lui, Joanna attendait fiévreusement. Elle devait interpréter un duo avec Marion.

La musique s'éleva, très rythmée. Elle avait beau la connaître par cœur, elle la trouva différente, plus sauvage, plus inspirée. John avait fait un travail magnifique.

Elle ferma les yeux. Son corps se mit à remuer insensiblement, irrigué par le fluide musical qui semblait lui donner vie.

Quand l'orchestre s'interrompit, une tempête d'applaudissements éclata. Marion résista à l'émotion. Surtout, rester concentrée. La musique, pleine d'audace, avait gagné son pari. Maintenant, c'était à elle. Le silence revint, puis l'orchestre joua un air plus léger, aérien. Marion commença à chanter avant l'ouverture du rideau. Sa voix retentit, pure et mystérieuse, tandis que l'oiseau magique, Horus, s'éveillait avec la nature.

Le rideau se leva. Marion s'avança, vêtue d'un collant noir, ses longs cheveux retenus par un bandeau. Elle se savait belle, et elle était soudain à l'aise devant ceux qui l'admiraient, ou bien espéraient sa chute.

Pendant vingt minutes, elle chanta et dansa en se jouant de toutes les difficultés. Celles-ci venaient du caractère inachevé de l'ouvrage, une suite de cinq séquences destinées à illustrer le projet. Théo et Karim auraient voulu intercaler une explication entre chaque scène. Marion avait préféré enchaîner les chansons, et John lui avait donné raison.

Sa musique enveloppait Marion comme le rayonnement du soleil. Tendre, mélancolique, drôle ou brûlante, suivant les séquences. Le duo avec Joanna fut très réussi. L'orchestre flancha sur lc final, le « Chant sacré », qui accompagnait la mort et la résurrection d'Horus. Quelques rires saluèrent les fausses notes. Marion les ignora. Elle était seule sur scène, seule au monde, transportée par le personnage allégorique qu'elle avait créé.

Elle leva les bras et s'inclina. La musique s'évanouit. Le rideau retomba. Elle fit signe à Pascal de le laisser baissé. Elle s'était donnée jusqu'à l'épuisement. Elle avait besoin de se recueillir. Tout à l'heure, il serait temps de se demander si les cris qu'elle entendait signifiaient qu'elle avait gagné son pari.

Depuis la coulisse minuscule, Pascal et Yan l'applaudissaient en silence. Joanna sanglotait. Puis John surgit et l'étreignit avec passion :

– Tu ne salues pas ?

– Ce n'était pas un spectacle.

– Qu'est-ce qu'il te faut ?

Lui, si impassible, était violemment ému. Elle avait sa réponse, mais elle en voulait une autre : celle de David.

Elle eut beau attendre, il ne vint pas. Jason non plus, et le doute la tarauda de nouveau. Lassés d'applaudir, les spectateurs quittaient la salle.

Théo, Karim et les musiciens vinrent rejoindre leurs compagnons sur scène. Ils la bousculèrent joyeusement.

– Désolé pour mes couacs, dit le trompettiste.

– C'était pourtant mieux que d'habitude, plaisanta le saxo.

– Il y a une faute d'orthographe sur le livret, signala Karim.

Assise en tailleur sur le sol, Marion ne les écoutait pas.

– Qu'est-ce qui se passe ? s'étonna John.

Elle sourit avec lassitude :

– Besoin de repos.

– De câlins aussi ?

– Il ne faut pas trop demander.

Elle essayait de cacher sa déception sous une tendre ironie, mais le cœur n'y était pas. Aucun professeur n'était venu la féliciter ni même l'encourager, à part Joss. Le silence.

Elle abandonna ses partenaires pour courir sous la douche. Elle y resta longtemps, puis s'habilla avec soin. Les autres ne devaient rien savoir de ses doutes et de ses angoisses. En sortant des vestiaires, elle trouva les couloirs déserts ; tous les étudiants étaient en cours. « Une chance ! » se réjouit-elle.

Elle gagna le bureau de Jason ; la pièce était vide.

– Il est parti avec M. Kazan, dit la secrétaire.

– Je devais lui parler.
– Il a dû oublier, tu le verras demain.
« Autrement dit, jamais », pensa Marion, découragée. Ils étaient tous partis sans un mot, sûrement pour ne pas l'accabler. Elle se laissa tomber sur un banc, le visage enfoui dans ses mains. Depuis des mois, elle allait d'échec en échec. *Minos*, le casting, et maintenant *Horus*, le pire de tout. Dire qu'elle avait misé sur lui ! Péché d'ambition, Laure avait raison. À sa déception se mêlait un sentiment de culpabilité pour avoir entraîné John, Karim et Théo dans son naufrage.
Au milieu de son désespoir, elle sentit une main timide se poser sur son épaule. Mélanie.
– Ça ne va pas ?
Marion se redressa :
– Un peu fatiguée, c'est tout.
– Tu as été sublime, tu sais.
– Merci.
Elle sourit d'un air contraint. Comment croire à la sincérité de sa rivale, même si, depuis sa guérison, Mélanie multipliait les protestations d'amitié et les regrets de l'avoir injustement accusée ?
Elles restèrent un long moment silencieuses, puis Mélanie murmura :
– Il faut que je t'avoue quelque chose.
– Tu veux échanger *Minos* contre *Horus* ?

Mélanie n'avait pas envie de rire. Elle avait quelque chose à dire, mais les mots ne venaient pas.

– C'est si grave ?

– Rémy et moi…

– Quoi, Rémy et toi ?

– On a passé la nuit ensemble, avoua Mélanie.

Marion écarquilla les yeux, puis elle éclata de rire.

– Je ne vois pas ce que ça a de comique ! s'écria Mélanie.

Au bout de quelques instants, emportée par l'hilarité de son amie, elle explosa à son tour.

– Les deux plus belles créatures de l'Art School, hoqueta Marion. Il ne se débrouille pas trop mal, le petit Rémy, malgré ses airs niais !

Retrouvant leur complicité d'autrefois, elles se disaient que leur amitié avait survécu à leur dispute, et elles s'en réjouissaient l'une et l'autre.

Elles riaient à en perdre le souffle lorsque Mike Bernardt parut au sommet de l'escalier. Marion lui sauta au cou :

– Mike, tu es un vrai génie !

– Le génie s'est fait tirer les oreilles par Martha, maugréa le décorateur.

– Mais ils étaient superbes, tes décors !

– Trop, pour vingt minutes de spectacle ! C'est ce que m'a déclaré Sa Majesté !

– Je vois, soupira Marion.

Il était clair qu'*Horus* était condamné.

– Désolée de t'avoir entraîné dans cette galère, dit-elle.

Elle eut droit à un haussement d'épaules désabusé. Mike leur tourna le dos et s'éloigna. Puis, au moment de disparaître, il tourna la tête et grogna :

– Au fait, ton truc, c'était super !

Mélanie et Marion restèrent sidérées. C'était bien la première fois qu'un compliment sortait de la bouche hargneuse du chef d'atelier.

– Ça en fait au moins un, se résigna Marion.

– Et moi ? Tu m'oublies ! protesta Mélanie.

– Toi, tu ne comptes pas, tu as trop à te faire pardonner.

– Rémy ?

– Non, là, c'est moi qui te dois des excuses pour l'avoir fourré dans ton lit ! s'écria Marion en repartant d'un rire nerveux.

Chapitre 14

Lorsque John s'éveilla, il s'aperçut que le jour n'était pas encore levé. Un air frais pénétrait par la fenêtre entrouverte. Il tâtonna, rencontra le fil de sa lampe de chevet et éclaira la chambre.

Marion était nue. Il admira son corps mince, le modelé délicat de ses hanches, la nuance soyeuse et dorée de sa peau. Jamais il n'avait contemplé une telle perfection, ni éprouvé de trouble aussi intense.

Marion tira le drap jusqu'au menton. Il vit qu'elle riait silencieusement sous les cheveux qui voilaient son visage.

– Dommage ! soupira-t-il.

Il écarta avec douceur les boucles châtain et murmura :

– Jamais je n'aurais imaginé un bonheur pareil.

– Menteur !

– Tu vas courir, ce matin ? demanda-t-elle.

– Ça dépend de ce que tu entends par « courir ».

– Tu sais, activer tes jambes et te déhancher pour montrer que tu es un grand sportif.

– Parce que tu t'imagines que j'ai encore des jambes ! soupira-t-il.

Il se leva et s'étira en grimaçant.

– Tu es très beau, apprécia-t-elle. Avec l'emballage, on ne se rend pas bien compte, mais là... J'ai bien envie de complimenter les fabricants !

– Ils s'appellent Henry et Felicity Marshall. 44, Charles Street, Boston, Massachusetts. Je vais les rejoindre dans dix jours. Si tu veux, je t'emmène.

– Tu pars, alors, c'est décidé ?

– Ça fait un mois que je t'ai parlé de ce voyage, mais tu fais la sourde. Deux semaines, c'est vite passé !

Elle s'assit sur le lit, indifférente à sa nudité.

– Pour toi, peut-être, murmura-t-elle.

– Accompagne-moi.

– C'est impossible, j'ai un travail dingue ; toi aussi, du reste. On doit continuer *Horus*.

– Le projet est accepté ? Tu as des nouvelles ?

Elle grimaça :

– Aucune, mais c'est le seul moyen de te garder !

– Idiote !

– Tu es libre, toi, tu as ton appart, tu mènes ta vie comme tu veux. Moi, je suis obligée de mentir à mes parents. Tu t'appelles Isabelle Paoli, ne l'oublie pas. Au fait, il faut que j'appelle ma mère. Quelle heure est-il ?

– Sept heures.

Elle se glissa hors du lit pour repêcher son portable dans le tas de ses habits jetés pêle-mêle sur une table basse. En composant le numéro de ses parents, elle s'approcha de la fenêtre pour admirer le ciel de Paris, d'un bleu sombre veiné de rose.

– Les voisins ! dit John en éteignant la lampe.

Il entendit son petit rire dans l'ombre, puis sa voix :

– Papa ?… Chez Isabelle, oui… Oh, rien, on a bossé tard, et puis dodo… Deux heures de danse, français, anglais, théâtre… Ce soir ? Oui, bien sûr… J'embrasse Isabelle, oui, embrasse maman.

Elle coupa la communication. John s'était approché en silence. Il pencha son visage. Sa bouche était douce et savante. « Où a-t-il appris à embrasser comme ça ? » se demanda-t-elle. Il murmura, ses lèvres contre les siennes :

– Tu sais très bien mentir.

Elle s'échappa avec un rire moqueur :

– Surtout aux hommes.

Elle se baissa pour éviter l'oreiller qu'il lui lançait à la tête et alla s'enfermer dans la salle de bain.

Une heure plus tard, tandis que John faisait son jogging, Marion entrait à l'Art School. Le soleil qui baignait Paris faisait flamboyer les murs de verre. Pensive, elle alla s'asseoir devant la grande verrière du troisième étage et contempla la ville.

La présentation d'*Horus* avait eu lieu six jours auparavant, et Marion n'avait récolté que de vagues appréciations de la part de Laure, Laurent et Guillaume. Armèle ne lui avait pas dit un mot, comme si elle n'était pas concernée par le projet. Seule Joss s'était montrée enthousiaste ; mais, comme la prof de danse l'adorait… De plus, la décision de continuer *Horus* ou de l'abandonner dépendait de Jason, qui n'avait plus donné signe de vie. Marion ne pouvait pas s'empêcher de penser que cette absence injustifiée était un désaveu.

Sans l'amour de John, elle aurait perdu espoir. Ce qui n'avait été pour elle, au début, qu'un simple jeu amoureux était devenu au fil des semaines une vraie passion. C'était la première fois qu'elle rencontrait un garçon aussi tendre et viril, ardent et généreux, et modeste, alors qu'il était habité par le génie de la musique. À son contact, elle avait appris l'humilité…

– Mademoiselle Revzany !

– Monsieur le directeur artistique, fit Marion en reconnaissant la voix de Jason.

– Vous permettez que je partage vos rêveries ?

– Elles ne sont pas très gaies, je vous préviens.

– Puis-je connaître la cause de vos tourments ?

– *Horus*, dit-elle en tournant la tête vers lui pour la première fois.

Elle le trouva tendu malgré ses efforts pour paraître désinvolte.

– Le problème est le suivant, dit-il : le projet me plaît, mais il coûte beaucoup trop cher pour un exercice de fin d'année. Or, à l'heure actuelle, l'Art School est plus disposée à restreindre les crédits qu'à jouer les mécènes.

Marion prit l'air maussade :

– Vous auriez pu me dire ça jeudi dernier.

– Je préfère voir tes fossettes, dit Jason.

– Et moi, je préfère qu'on me dise la vérité en face. Je suis restée seule en scène, comme une idiote. David Kazan n'a même pas pris la peine de venir me voir. Quant à vous…

– J'ai plein de problèmes à résoudre, figure-toi. Je monte un spectacle avec ma compagnie. David m'a demandé de le représenter auprès de la DKS. J'ai mis au point une nouvelle organisation de l'école, mal accueillie par Martha. Et, pour finir, je suis amoureux.

Il avait dit ces derniers mots sur le mode de la plaisanterie, mais Marion comprit à sa pâleur qu'il était très sérieux. Son air d'adolescent maladroit l'attendrit.

– Amoureux de qui ? crut-elle bon de demander.

Comme il se contentait de la dévisager en silence, elle se mit à rougir. Heureusement, il dissipa aussitôt le malaise qui s'installait :

– J'ai expliqué à Martha que le coût d'*Horus* était exagéré pour un projet de fin d'année, mais non pour une représentation publique. Je te pose donc la question : pouvez-vous achever *Horus* en deux mois ? Igor vous aidera pour l'orchestration, Joss pour la chorégraphie, Guillaume pour la gestuelle, Laure pour le chant, Bernard Villeroy pour la mise en scène, et moi, pour tout le reste. Qu'est-ce qui t'arrive ?

Marion avait fondu en larmes :

– Excusez-moi, c'est nerveux.

Il lui tendit son mouchoir :

– Excès de joie ou de chagrin ?

– À votre avis ?

Il hocha la tête, puis ajouta négligemment :

– À propos, David m'a chargé de te dire qu'il te réservait un rôle dans *Tennessee*, le film musical de Jack Barron.

– Quel rôle ? murmura Marion, abasourdie.

– Celui de Judith, une jeune émigrante pendant la conquête de l'Ouest. Tu devras jouer, chanter, danser…

– Encore une audition, murmura-t-elle.

Il sourit, ironique :

– L'audition, tu l'as passée jeudi dernier, devant David, Jack et les autres.

Marion, qui s'était levée, retomba sur son banc, les jambes sciées par l'émotion :

– Pourquoi ne sont-ils pas venus me voir ?

– La décision n'était pas prise. À présent, elle l'est.

Tout allait trop vite pour Marion. Des pensées confuses tourbillonnaient dans sa tête.

– Et cette représentation publique d'*Horus* ? balbutia-t-elle.

– Un spectacle pour le Jardin du ciel, un lieu idéal pour ça. Pas un opéra, rassure-toi. Quelques variations sur le thème. Je te laisse le soin de consulter tes partenaires. Tu reviendras me dire si vous êtes prêts à travailler. Ce n'est pas vraiment un cadeau. En réalité, je tiens à encourager les créations de l'académie, et je voudrais que le budget des spectacles soit consacré à des œuvres internes. La majorité des professeurs est d'un avis contraire. D'après eux, il est préférable d'adapter des œuvres du répertoire. Ils veulent *Minos*, moi, je soutiens *Horus*. Ce sont deux philosophies différentes. Si je l'emporte, comme je l'espère, veillez à vous montrer à la hauteur… Et pour le reste, cette stupide déclaration d'amour, mieux vaut ne plus y penser !

– Impossible ! s'écria Marion. C'est la chose la plus émouvante qu'on m'ait dite depuis longtemps.

Elle bondit et lui planta un léger baiser sur la joue. Un baiser de cousin, comme disait Théo.

– Moi, je t'aide, je te ferais remarquer, gronda Jason. Mais on ne peut pas dire que tu m'aides beaucoup.

– Vous aider à quoi ?

– À t'oublier.

Chapitre 15

Elle essayait de se persuader qu'elle devait le succès d'*Horus* et le rôle de Judith à son seul talent, cependant la déclaration passionnée de Jason laissait planer un doute sur son objectivité. Il avait beau être l'un des patrons de l'Art School, il n'avait que cinq ans de plus qu'elle, et ressemblait plus à un étudiant qu'à un prof. « Si je n'étais pas amoureuse de John, je répondrais peut-être à ses sentiments », se dit-elle. Cette pensée la tourmentait depuis deux jours.

– Tu veux bien nous faire l'immense honneur de chanter ?

Autour d'elle, ses amis pouffèrent. Perdue

dans ses réflexions, elle avait oublié qu'elle se trouvait en classe de chant et elle n'avait pas entendu un traître mot de ce lui disait Laure Visconti.

– Excusez-moi, soupira-t-elle.

– Ça fait huit fois que tu t'excuses, fit remarquer Laure. C'est sept de trop.

– Que voulez-vous que je fasse? demanda docilement Marion.

– Que tu chantes, par exemple. C'est le moment idéal pour ça.

– Chanter, mais quoi ?

Laure prit une profonde inspiration, comme pour s'exhorter à la patience :

– La chanson de Solveig, comme je viens de l'expliquer.

Marion se leva pour se placer au centre des gradins disposés en demi-cercle. Charlot, le pianiste, attaqua l'air de Grieg, et Marion, trouvant dans la musique un écho à sa propre mélancolie, chanta l'air d'inspiration naïve de sa voie limpide. Les trente-cinq étudiants, sous le charme, l'écoutèrent en silence.

Lorsqu'elle eut terminé, elle s'attendait à un compliment. Laure se contenta de secouer la tête d'un air critique :

– Tu n'as rien écouté de ce que j'ai dit ! Il ne suffit pas d'avoir une jolie voix. La voix n'est qu'un instrument au service de la musique. Il y a un sens très particulier dans ce que chante Solveig, et ça t'a échappé... Mélanie !

La jeune fille se leva à son tour.

– Explique-lui.

Mélanie descendit les degrés. En croisant Marion, elle lui jeta un regard fugitif. Marion se mordit les lèvres. Le choix de Laure était cruel et délibéré. Elle cherchait à l'humilier pour se venger d'avoir été écartée de ses projets, *Horus*, et maintenant *Tennessee*.

Mélanie chantait bien, mais sa voix était loin d'avoir les nuances et la pureté de la sienne. Les spectateurs ne s'y trompaient pas, à en croire les sourires chaleureux que lui adressaient Théo, Joanna, Pascal et Olivier.

– J'espère que tu as compris ! dit Laure lorsque Mélanie eut fini de chanter.

Marion la regarda dans les yeux d'un air de défi :

– C'est très clair.

Comme elle avait le moral à zéro, à la fin du cours, c'est auprès de Jason qu'elle chercha une consolation. À sa vue, le visage du faune s'illumina :

– Je sais ce que tu vas me dire !

– Je ne crois pas, non.

Il tendit la main à plat comme pour un pari :

– Personne ne t'aime, ici.

Elle sourit tristement :

– C'est un peu ça !

Il la poussa dans un fauteuil et se pencha vers elle en prenant appui sur les accoudoirs.

– On se ressemble, toi et moi.

Il grimaça un sourire :

– Pas physiquement, bien sûr. Tu es la plus belle, et je suis le plus laid. Mais on est, toi et moi, différents des autres. On a autant de mal à les comprendre qu'à se faire comprendre. J'ai connu ça à ton âge. Les professeurs ne supportaient pas les libertés que je prenais avec le règlement, les programmes, les conceptions artistiques de l'Art School. Et le titre ronflant de directeur artistique ne me met pas à l'abri de leurs critiques. Leur opinion à mon égard n'a pas varié. Le pire de mes défauts est d'être l'ami de David. Le tien est d'être ma protégée. Je crois en toi.

– Vous êtes bien le seul, soupira Marion.

– C'est faux, et tu le sais. Tout le monde t'admire, même ceux qui te paraissent hostiles. Ils ne sont pas critiques, mais jaloux, plus ou moins consciemment.

– Vous pensez que…

– La première fois que je t'ai vue sur scène, poursuivit-il, j'ai senti une présence extraordinaire. Sur l'écran, c'est encore plus flagrant. Tu danses bien, tu as une jolie voix, tu es travailleuse, pas trop laide…

Elle sourit, malicieuse :

– En somme, je vous plais.

Il se redressa et grogna :

– J'ai dit ça, moi ?

Marion fit la moue. Son geste de la main ressembla à l'envol d'un oiseau :

– J'ai peut-être rêvé.

– On a rêvé tous les deux, toi de devenir célèbre, et moi d'être aimé. Ton rêve se réalisera beaucoup plus tôt que le mien.

– Qui sait ? murmura-t-elle.

Il la dévisagea avec sévérité :

– Ne me tente pas, petite comédienne. Tu l'as assez fait sans le vouloir. En attendant, travaille sur *Horus*. J'ai pris des risques pour toi.

Il la poussa vigoureusement hors de son bureau, comme s'il avait peur de ce qu'il allait dire ou de ce qu'il allait entendre.

Chapitre 16

– Tu vois, quand tu veux ! ironisa John en écoutant Marion énumérer les aides fournies par Jason.

– La représentation doit avoir lieu le 6 juin, c'est-à-dire dans un mois et demi, insista Marion.

John balaya l'objection :

– Aucun problème !

– Si tu le dis…

Elle ne voulait pas décevoir Jason. Or le directeur artistique avait pris des risques en remplaçant *Minos* par *Horus*, sous prétexte que la façon dont Laurent et Armèle avaient adapté la comédie musicale ne lui convenait pas.

– Ce n'est pas ainsi que je vais me réconcilier avec Mélanie, fit-elle remarquer.

John secoua la tête avec bonne humeur :

– Les sœurs ennemies !

– Zut, ma répétition ! s'exclama la jeune comédienne en regardant sa montre.

À l'instant où elle s'échappait, John lui saisit le poignet :

– Tu viens chez moi, ce soir ?

– Peut-être, je ne sais pas, je te dirai…

– Voilà une réponse vague, et un amour bien incertain.

Elle supplia :

– Lâche-moi, je suis en retard.

– Tu es si pressée de revoir ta copine ?

– Tout le monde m'attend !

– Moi aussi, j'attends.

– Je viendrai, promis !

– Tu vois, quand tu veux, répéta-t-il en la délivrant.

Arrivée à la porte de la bibliothèque, Marion se retourna et lança :

– Je viendrai… dîner.

Elle s'élança dans l'escalier en riant.

Les sœurs ennemies, une courte pièce écrite par Léo Thalès, un élève de dernière année, exploitait la rivalité grinçante de deux sœurs jumelles, Véra et Julie.

Bertrand Dickers, le nouveau prof d'art dramatique, assistant de Guillaume Richelme, n'avait rien trouvé de mieux que de confier les rôles principaux à Marion et Mélanie. Léo jurait ses grands dieux qu'il avait écrit sa pièce avant que les relations entre les deux amies ne se gâtent. Quant à Bertrand, il prétendait que la rivalité était source d'émulation pour les comédiennes.

– Excusez-moi, je suis en retard ! dit Marion, étonnée de trouver le théâtre désert. Seuls Mélanie et Sylvain étaient en scène.

– La répétition est annulée ? demanda-t-elle.

– L'audition, tu veux dire. Non, elle aurait dû commencer depuis dix minutes, fit la voix de Bertrand.

Marion aperçut le prof assis en tailleur sur les planches derrière une fougère de belle taille, si menu que la plante le dissimulait entièrement.

– Je présume que vous avez tous les trois appris votre texte et révisé vos notes, continua Bertrand. Je vous rappelle qu'il s'agit d'une audition témoin, autrement dit : votre note comptera dans la moyenne générale.

Il se tourna vers Mélanie :

– À toi !

La jeune comédienne se concentra quelques instants dans les coulisses avant de faire son apparition. Elle regarda de tous côtés avec impatience, puis avisa Sylvain, qui feuilletait un journal, avachi dans un fauteuil.

VÉRA (Mélanie) : – Tu n'as pas vu la vipère ?

JOSÉ (Sylvain), *lâchant son journal et se levant d'un bond* : – Un serpent ! Où ça ?

VÉRA : – Je veux parler de la créature à la langue fourchue à qui tu adresses ces lettres d'amour ridicules.

JOSÉ : – Je suppose que tu veux parler de ta sœur ?

VÉRA, *avec un rire forcé* : – J'ai une sœur, moi ? Première nouvelle !

JOSÉ : – Tiens, justement la voici ! Tu vas pouvoir continuer ton cours sur les reptiles.

JULIE (Marion) *entre et fait signe à Sylvain* : – Reste ! Tu n'as pas vu une fille blondasse, menteuse et fielleuse ?

Du pouce, José lui indique Véra.

JULIE : – Tu l'as reconnue sans peine. Forcément, un portrait aussi fidèle !

VÉRA : – Peux-tu m'expliquer la présence de mon journal intime dans ta chambre ?

JULIE : – Intime ? Tu as toujours le mot pour rire. Il n'est pratiquement question que de moi dans ce cahier.

VÉRA : – C'est que tu m'inspires !

JULIE, *citant* : – « Un canon qui n'a pas inventé la poudre. »

JOSÉ, *hilare* : – C'est marrant, ça !

JULIE : – C'était mon portrait. Si tu veux le tien : une tête de courge sur un ventre de crème fouettée.

JOSÉ, *renfrogné* : – Ça, c'est moins drôle !

– Arrêtez ! cria Bertrand. Le ton n'y est pas. Vous avez l'air de vous ennuyer prodigieusement, tous les trois. Il faut que vous compreniez que les vacheries ne sont qu'un jeu entre les sœurs. Il faut les prendre au deuxième degré, et non comme le reflet d'une haine véritable. On sent bien qu'elles jubilent. « Un canon qui n'a pas inventé la poudre », c'est drôle et ce n'est pas si méchant. Il faut travailler dans ce sens.

Marion secoua la tête :

– À mon avis, les spectateurs doivent d'abord penser que l'animosité entre les deux sœurs est réelle pour découvrir à la fin qu'elles s'amusent. Elles ont du reste un sujet de querelle : elles sont amoureuses du même garçon.

– La tête de courge ! grommela Sylvain.

– Lorsque José se mêle à leur dispute, elles se liguent contre lui. C'est là qu'on découvre leur complicité.

– Une vraie mise à mort ! dit Sylvain.

– Pas du tout, intervint Bertrand. Là aussi, il s'agit d'un jeu : les filles contre les garçons.

– Il ne s'agit pas seulement d'un dépit amoureux, objecta Mélanie : Julie s'empare du journal de sa sœur. C'est un geste grave. Elle viole son intimité et trahit sa confiance.

Marion haussa les épaules :

– Qu'est-ce qui est le plus condamnable : prendre à une fille le garçon qu'elle aime ou lui piquer son journal intime ?

– Je te laisse le soin de répondre, railla Mélanie. C'est toi, l'experte !

Sentant le ton monter, Bertrand abrégea la répétition :

– Je veux le texte revu et travaillé pour lundi. Et n'en faites pas une affaire personnelle, je vous en prie.

– C'est vous qui dites ça ? plaisanta Marion.

– Si vous n'étiez pas d'accord pour jouer, il fallait l'annoncer plus tôt.

– Aucune objection, déclara Marion.

– Pour moi non plus, ajouta Mélanie. J'adore donner la réplique à ma fidèle amie.

Marion leva les yeux au ciel :

– N'en fais pas trop quand même !

– Mais non, je t'assure, tu m'apportes beaucoup… En te regardant, j'ai envie de me dépasser. À propos, comment va ce cher *Horus* ?

– Bien… On sera dans les délais.

– Ça, je n'en doute pas, lança Mélanie, ironique.

« Drôle de réaction », songea Marion en se rendant à la cafétéria.

Pendant qu'elle se servait au distributeur de boissons, elle aperçut Théo, attablé à l'écart, le regard perdu dans son gobelet à la manière d'un buveur mélancolique.

– Tu en fais, une tête ! dit-elle avec entrain.

– Pas toi ?

Elle s'installa en face de lui avec l'intention de le taquiner :

– Chagrin d'amour ?

Il haussa les épaules :

– Si tu crois que je pense à ça alors que notre représentation est annulée !

– *Horus* ? Tu plaisantes !

– J'en ai l'air ? grogna-t-il, hargneux. Cent heures de boulot pour rien !

Elle secoua la tête avec commisération :

– Qui t'a raconté ces bobards ?

– Tout le monde : Ludovic, Laurent, Joss. Martha doit l'annoncer tout à l'heure.

– Et je ne serais pas au courant ? murmura-t-elle avec un mélange d'incrédulité et de mortification.

Elle se leva brusquement, renversant son gobelet :

– On va le savoir tout de suite !

Elle se précipita chez Jason. Sur le seuil de son bureau, elle rencontra sa secrétaire.

– M. Masur s'en va, il ne peut pas te recevoir, annonça celle-ci.

– Il revient quand ?

La secrétaire secoua la tête d'un air attristé :

– Il a démissionné.

Chapitre 17

L'air sévère de Martha Ferrier ne présageait rien de bon. Cette femme au beau visage avait le don de vous charmer ou de vous glacer. L'instant était plutôt à la glace. Son masque hiératique semblait hypnotiser les quatre cents étudiants réunis dans le grand auditorium du rez-de-chaussée.

La directrice poussa son fauteuil roulant au bord de la scène. Marion crut lire une ombre d'émotion dans ses yeux gris, mais cette humanité fugitive ne modifia pas son opinion : Martha était trop rigide et trop âgée pour diriger une école aussi révolutionnaire que l'Art School. Il était urgent de transfuser du sang neuf dans l'équipe de direction et le corps professoral. Les nouveaux, Armèle, Laurent et Bertrand, n'étaient pas à la hauteur. Le seul capable d'accomplir cette réforme était Jason. Or il démissionnait, faute sans doute de pouvoir imposer ses idées à cette institution pesante.

Minos l'emportait sur *Horus*, le conformisme sur l'audace, Armèle sur Jason. Cela expliquait le petit air victorieux de Mélanie.

« Pourquoi Jason ne m'a-t-il pas prévenue ? pensa Marion. Il m'aurait au moins épargné le ridicule ! » Elle avait l'impression que les autres l'observaient avec ironie.

La voix de Martha la tira de ses pensées chagrines :

– Je vous ai réunis pour vous parler de la prochaine organisation de l'école. M. Masur a beaucoup apporté à l'Art School : jeunesse, fantaisie, audace... Il a donné un souffle nouveau à notre enseignement et à la créativité, notre principale préoccupation. Pour tout cela, nous lui rendons hommage...

Elle se tourna vers le directeur artistique, qui se tenait en retrait, entre Guillaume Richelme et Bernard Villeroy. Puis elle reprit :

– Il aurait accompli encore bien des choses sans les multiples activités qu'il exerce en marge de l'école. Jason Masur est un grand artiste. Il a besoin de liberté pour mener à bien ses projets personnels. Cette liberté, l'Art School ne lui en laissait pas suffisamment. Il a dû faire des choix. Il a pris le parti de quitter l'école. Je respecte sa décision tout en la regrettant, et je lui adresse tous mes vœux de réussite dans ce qu'il a entrepris.

Bien que la nouvelle ait fait le tour de l'établissement, les paroles de la directrice jetèrent un froid parmi les étudiants. Ils aimaient tous Jason, son humour, son caractère fantasque, ses idées de génie ; sa façon d'écouter, de comprendre, de guider les élèves sans chercher à les brimer. Ils le considéraient comme l'un d'entre eux, plus doué, et certains se demandaient avec inquiétude qui allait lui succéder.

Invité par Martha à prendre la parole, Jason s'avança lentement et regarda ses étudiants avec un sourire complice :

– Je monte actuellement une comédie. Vous allez voir comme le hasard se paie parfois notre tête. Elle s'intitule *Échec au roi*...

Au milieu des rires, il ajouta :

– « Échec et mat » aurait été plus pertinent. Mais n'allez pas croire que l'échec est le terme d'une entreprise. Il n'y a que les faibles pour penser ça. Au contraire, l'échec est souvent plus enrichissant que le succès. Je ne parle pas d'argent, évidemment !

Les rires redoublèrent. Il les laissa s'éteindre avant de poursuivre :

– Nous faisons, vous et moi, un métier difficile, celui d'artiste. Car vous l'exercez déjà, ce métier, quelquefois sans vous en rendre compte. Il y a parmi vous d'authentiques créateurs, interprètes, danseurs, chanteurs, comédiens. Et d'autres, qui n'ont pas encore brisé leur coquille, paralysés par la peur, le conformisme, la timidité ou le doute. Leurs ailes sont collées ; un jour prochain, elles se déploieront, et ils prendront leur envol. À tous, et à ceux-là en particulier, je dis : ne vous laissez pas emprisonner, défendez vos idées, puisez dans l'enseignement non pas des connaissances inertes, écrasantes, mais ce dont vous avez besoin pour armer votre imagination et réaliser vos rêves. L'Art School est un magnifique instrument, un moyen, pas une fin. La fin est en vous. Voilà ce que j'ai à vous dire. Je m'en vais, mais je ne serai pas très loin. Vous connaissez tous mon repaire : le Petit Théâtre du Roy d'Espagne, et ma compagnie, Alter Ego. Venez me rendre visite si vous avez besoin d'aide et de conseils. Mais, dans ce domaine, l'Art School n'est pas avare, et Laurent Vidal, mon successeur, saura vous guider comme j'aurais aimé continuer à le faire si les circonstances l'avaient permis.

Sur ces derniers mots, il salua de la main et disparut dans un déchaînement de sifflets et d'applaudissements.

Après cette manifestation enthousiaste, un silence consterné accompagna le bref discours de Laurent Vidal.

– On dirait que ton admirateur te laisse tomber, murmura John à l'oreille de Marion.

– Tu veux dire qu'on le pousse dehors, répliqua la jeune fille, ulcérée. Je ne crois pas à cette histoire de démission.

L'ironie de John la blessait dans la mesure où elle suggérait qu'elle devait son succès au charme qu'elle exerçait sur les autres.

– Tu ne crois plus à *Horus* ? demanda-t-elle.

– Si, bien sûr, mais c'est une œuvre difficile et anticonformiste. Il ne suffit pas d'y croire. Il faudrait que les autres y croient aussi.

Ils sortirent dans le parc de l'académie pour fuir le flot d'étudiants bavards qui s'écoulait de l'auditorium.

– Tu as bien vu la réaction de David, dit-elle. C'est grâce à *Horus* qu'il m'a réservé un rôle dans *Tennessee*.

– Grâce à toi, Marion, rectifia John. Tu es ensorcelante.

De nouveau, elle fut prise d'un soupçon :

– Tu veux dire que je dois ce rôle à mon physique ?

– Pas seulement : tu chantes et tu danses à ravir. Tu pourrais jouer n'importe quoi, les spectateurs seraient toujours aussi fascinés.

Elle fronça les sourcils :

– Je ne sais pas très bien comment je dois prendre cette déclaration.

– Comme une déclaration d'amour, dit John avec une douce ironie.

– En résumé, si j'avais été laide, tu n'aurais pas accepté de travailler avec moi ?

– Vraisemblablement, répondit l'Américain avec sincérité. Mais, si ta beauté te pose un problème, je te rassure : c'est une maladie dont tu guériras avec l'âge.

Marion n'entendit pas la plaisanterie, car elle aperçut Jason qui traversait le parking de l'Art School. Elle se précipita vers lui et le rejoignit à l'instant où il s'installait au volant de sa voiture. Il lui ouvrit la portière ; elle s'installa à côté de lui.

– Vous partiez sans me dire au revoir, gronda-t-elle.

– Je t'ai cherchée.

– J'étais là.

– Avec John.

Son visage exprimait la lassitude. C'était la première fois qu'elle le voyait dans cet état, lui, le passionné, l'énergique.

– Pourquoi ne pas m'avoir tenue au courant ?

– Qu'y avait-il à dire ? On m'a recruté pour révéler des talents, mettre le feu aux poudres de la création… Et, dès que je gratte une allumette, on m'ordonne de souffler dessus. J'ai refusé, bien sûr. Alors, on m'a suggéré de transférer ailleurs ma pyrotechnie. Je crois le conseil avisé.

Comme les étudiants les observaient avec curiosité, il mit le contact.

– Tu veux faire un tour ?

Elle sourit :

– Je veux bien.

Il sortit du parc et descendit lentement la rue de Belleville.

– Le Pont Neuf, ça te va ?

– Oui.

Les yeux fixés devant lui, il murmura :

– Mon petit discours de tout à l'heure t'était destiné. *Horus* n'aura pas droit au Jardin du ciel, mais il mérite encore mieux que ce petit paradis. Alors, n'abandonne pas, continue à travailler. C'est une œuvre originale, à ton image. C'est normal puisque John, Karim et Théo l'ont conçue pour toi. Igor a presque terminé l'orchestration. Vos danseurs et vos musiciens sont maintenant au complet. Faites comme si la représentation devait avoir lieu. Je crois en toi, Marion.

– Vous ne dites pas ça parce que…

– Parce que je suis amoureux ? Non, rassure-toi, je n'ai jamais mélangé le travail et les sentiments. David non plus. S'il t'a choisie, c'est que tu correspondais à ce qu'il recherchait.

Il gara sa voiture au bord du trottoir, mit des

pièces dans un parcmètre. Puis ils marchèrent en silence le long des quais en direction du pont. Là, ils s'installèrent sur un banc de pierre. Un vent tiède chassait des nuages floconneux, avec des intermittences d'ombre et de soleil.

– Tu n'as pas à t'inquiéter. Les studios vont t'adresser ton contrat. Ta vie va changer. David saura te conseiller et veiller sur toi. Et, si tu as le mal du pays, tu auras toujours ta place dans ma compagnie. Ta carrière est lancée. Mon travail est terminé.

– Pas tout à fait, murmura-t-elle en posant doucement ses lèvres sur les siennes.

Chapitre 18

Le vitrail éclairait la bibliothèque de l'Art School d'une lumière irréelle. Marion se mouvait dans cette clarté avec une grâce fascinante. En la voyant venir, John pensait au *Printemps* de Federovsky. Une toute jeune fille, May, marchait ainsi dans la lumière, et le héros s'éprenait d'elle en quelques secondes et pour la vie.

– Tu es très belle, murmura-t-il.

– Merci.

Le sourire de la jeune fille creusa les fossettes qu'il adorait. Il demanda :

– Qui te rend si radieuse ? Jason ?

– Pourquoi lui ?

– Tu l'aimes bien, non ?

– C'est vrai, mais il n'y a rien eu entre nous, juste un baiser.

– Un baiser de toi, c'est beaucoup.

Elle se pressa contre lui :

– Et dix mille baisers ?

Soudain, elle l'entraîna en riant contre le vitrail de la bibliothèque.

– Devine quoi ? J'ai reçu mon contrat.

– Pour *Tennessee* ?

Elle acquiesça :

– Le contrat, le scénario, le calendrier de tournage. Je pars le 12 juillet avec ma mère. D'abord New York, pour rencontrer Jack Barron, le réalisateur, Harold Lewis, le chorégraphe, et mon partenaire, Kevin Garret, un jeune danseur. Il a dix-sept ans, comme moi. Ensuite, Los Angeles. J'ai quatre mois pour répéter, perfectionner mon anglais, m'entraîner avec la troupe de la Silver Company. Le tournage commencera au début de novembre. On pourra se voir très souvent, mon cher Yankee.

Il hocha la tête, sceptique :

– C'est grand, l'Amérique. Et, avec ton emploi du temps, ça m'étonnerait qu'on puisse se rencontrer.

Elle prit l'air boudeur :

– C'est mieux que de ne plus se revoir, puisque tu retournes à Boston.

Après quelques instants de silence, elle décida :

– Pour commencer, tu vas m'accompagner.

– Où ça ?

– Chez moi. Une journaliste va venir m'interviewer.

– Qu'est-ce que je ferai ?

– Tu répondras avec moi.

Il haussa les épaules :

– Je n'ai rien à dire. C'est toi, la star.

– Je ne suis pas une star, et je suis timide.

Comme il riait de bon cœur, elle se vexa :

– Ne sois pas méchant ! C'est l'attachée de presse de DKS qui organise tout. Je dois rencontrer *Télérama, Cinélive, France-Soir, Starmag.* David m'avait recommandé la plus grande discrétion, et brusquement il met le monde entier au courant !

– On peut l'annoncer, alors ? s'exclama John. Karim ! Théo !

Elle lui ferma la bouche à deux mains :

– Attends, je t'en prie.

Il se libéra et la dévisagea, intrigué :

– Il est bien signé, ton contrat ?

– Bien sûr.

– Alors, pourquoi attendre ?

Marion esquissa un dessin du bout du doigt sur la verrière. Soudain, elle se tourna et chuchota :

– Dans six jours, c'est la soirée de *Minos*.

– Je sais, et après ?

Puis il comprit ce qu'elle avait derrière la tête : annoncer l'événement le soir où devait triompher Mélanie, et il éclata de rire :

– Tu veux rester en tête d'affiche, c'est ça ?

Elle lui assena un coup de cahier sur le crâne :

– Idiot !

Pour se faire pardonner, elle lui prit la main :

– Tu es sûr que tu ne veux pas m'accompagner ? C'est à six heures.

– Sûr.

– Tant pis pour toi, tu ne seras pas sur la photo ! Jure de garder le secret.

– Qu'est-ce que je fais depuis deux mois ?

– Ce n'est pas pareil, jure !

– À condition que tu viennes chez moi, ce soir. À huit heures précises.

Elle plissa les yeux :

– Mais c'est un affreux chantage !

– Si affreux que ça ?

– Pire !

Elle fit semblant de consulter son agenda :

– Je peux te caser à huit heures trente.

Me caser ! grogna-t-il.

Elle pivota gaiement et traversa la bibliothèque. Il admira le spectacle, sa façon de marcher, de se pencher vers ceux qui étaient assis, de se hisser sur la pointe des pieds pour faire la bise aux autres.

Arrivée au seuil de la salle, elle demanda :

– À quelle heure, le cours de danse ?

– Tout le temps, avec toi, la taquina Gilles.

– Dans cinq minutes, dit Mélanie en la prenant par la taille. Juste le temps de nous mettre en tenue.

– Tu ne répètes pas *Minos* ?

Mélanie fit la grimace :

– Pitié ! Avec Armèle, c'est le bagne. Je vais me détendre en compagnie de Joss.

« Menteuse ! » pensa Marion. Mélanie et Armèle s'entendaient à merveille. Elles répétaient chaque soir dans une joyeuse ambiance. Leur spectacle était d'ailleurs au point. Pourquoi ne pas le reconnaître ? Cependant, Marion était trop comblée pour se formaliser des propos hypocrites de sa rivale.

Quelques minutes plus tard, elles entrèrent en riant dans la salle de danse.

– Je suis heureuse de vous voir en forme, prêtes à souffrir, dit Joss de sa grosse voix.

– Pas question de forcer, protesta Mélanie. *Minos*, c'est dans six jours, je te signale.

Joss balaya l'objection d'un moulinet de sa canne :

– Rien de mieux qu'un bon entraînement. Que diriez-vous de la valse de Berlioz ?

– Ça, je veux bien, dit Mélanie, rassurée.

– Échauffez-vous. Où sont les garçons ? grogna Joss.

– Ils sont en plein examen, dit Mélanie : français, anglais, maths…

– Vous êtes bien là, vous !

Mélanie leva un poing victorieux :

– On est dispensées : plus de quatorze de moyenne !

« Seize, pour moi », pensa Marion.

– Je vais bien en pêcher deux ! lança Joss en se précipitant hors de la salle.

Marion et Mélanie se mirent à la barre et commencèrent à s'échauffer.

– Tu l'as vue danser ? dit Mélanie. C'est dingue ce qu'elle est souple pour son poids !

Elle finissait à peine sa phrase lorsque Joss reparut, propulsant dans la salle Gilles et Derek. Elle jeta un regard soupçonneux à ses deux danseuses :

– De quel poids s'agit-il ?

– Du vôtre ! pouffa Marion.

– Ah, vraiment ? Nous allons voir qui pèsera le plus dans une heure ! gronda la prof de danse. Et vous autres, qu'est-ce que vous attendez pour mettre vos collants ?

– J'ai oublié le mien, répondit Gilles de mauvaise grâce.

Joss explosa :

– Je te conseille d'en trouver un si tu ne veux pas danser à poil !

– Pitié, non ! supplia Mélanie.

Au bout d'une heure, Joss, visiblement satisfaite, interrompit la leçon :

– Pas mal. Vous êtes prêtes pour faire les majorettes dans la fanfare de Clérigny.

– Celle que vous avez dirigée ? dit Derek.

Il ne put éviter un coup de canne sur les fesses. Derrière le mur vitré, John éclata de rire, puis il applaudit Marion, qui le salua avec grâce en fléchissant tout le corps.

– Tu as amené tes supporters, constata Mélanie.

– Et toi, les tiens, répliqua Marion en voyant surgir le visage curieux de Rémy.

– Il est gentil. Dommage qu'il soit si ennuyeux ! soupira Mélanie.

Marion lui adressa une mimique compréhensive :

– Désolée, la maison ne reprend pas les emballages vides !

Chapitre 19

Marion partit de chez elle de bonne heure pour échapper à la tyrannie de ses parents. Depuis la signature du contrat, ils s'étaient mis à régenter le moindre détail de sa vie. En songeant qu'elle allait vivre avec sa mère pendant son séjour de six mois aux États-Unis, Marion se disait qu'elle devrait partir seule. Ludmilla la harcelait de conseils. Quant à Marc, il passait des heures au téléphone avec la secrétaire ou le chargé de production de *Tennessee* pour régler des problèmes, parfois ridicules

« Dans un mois, je serai dans l'avion de New York », pensa-t-elle. D'une certaine façon, elle avait déjà pris son envol. En regard de l'aventure qui s'annonçait, les rivalités de l'Art School lui semblaient bien mesquines, et *Horus*, après avoir tant compté, n'était plus maintenant qu'un exercice de fin d'année, auquel elle se consacrait pour plaire à John, Karim et Théo.

Le printemps l'accueillit au sortir du métro, la ramenant au monde qu'elle allait quitter. Derrière les arbres du parc des Buttes-Chaumont, le ciel se reflétait sur les verrières de l'académie. Elle avait passé quatre années intenses et heureuses dans ce décor magique. Bientôt, d'autres rêves remplaceraient ses rêves, d'autres passions succéderaient à ses passions, plus belles encore. Alors, pourquoi ce cœur serré et cette boule dans la gorge ?

Elle aperçut John dans une allée haute du parc, et pensa avec reconnaissance : « Il est toujours là quand j'ai besoin de lui ! »

L'Américain était en grande conversation avec une fillette blonde. Celle-ci levait sur lui de grands yeux verts et un petit nez impertinent piqué de taches de rousseur.

– Marion, je te présente Sophie, dit-il. Elle a sept ans et veut être chanteuse.

– Je vais chanter à télé, précisa Sophie.

Marion lui sourit, attendrie :

– Tu dois avoir une jolie voix.

– Très.

La fillette lui jeta un bref regard avant de revenir à John :

– Tu chantes, toi aussi ?

Il secoua la tête d'un air navré :

– Non, moi, je compose des chansons.

Elle fronça son petit nez :

– Tu en feras pour moi, des chansons ?

– Pourquoi pas ? Mais tu dois d'abord aller à l'école.

Au mot d'école, le visage rond de la fillette se ferma. John se hâta d'ajouter :

– Une école où on chante et on danse… Tu vois cette grande maison de verre ? C'est là.

Au même instant, une jeune femme au doux visage, la mère de Sophie, s'approcha d'eux :

– Elle ne vous ennuie pas, au moins ? s'inquiéta-t-elle.

– Au contraire, dit John. Elle nous racontait qu'elle voulait être chanteuse.

– Elle ne pense qu'à ça, soupira la jeune femme. À six ans et demi, vous vous rendez compte ?

John sourit :

– Je lui expliquais qu'il fallait commencer par aller à l'école.

Il montra Marion à Sophie :

– Tu vois cette dame ? Elle a appris à chanter, à danser, à jouer la comédie. Bientôt, elle tournera dans un film aux États-Unis.

– Vous êtes des étudiants de l’Art School ? demanda la femme.

Marion acquiesça :

– Pour quelques semaines encore.

– Je veux aller à l’école ! dit Sophie avec détermination.

Sa mère éclata de rire :

– C’est bien la première fois que j’entends ça !

– Tu aimerais visiter l’académie ? proposa John.

Marion fit la moue en pensant au règlement de l’école :

– Je ne sais pas si c’est une bonne idée.

– Qu’est-ce que tu fais, ce matin ? demanda John avec insouciance.

– J’ai mon audition, *Les sœurs ennemies*.

– Avec des chansons ? se renseigna Sophie.

John lui caressa les cheveux :

– Non, du théâtre, une histoire jouée comme à la télévision, mais avec des acteurs en vrai.

– Je connais le théâtre, dit Sophie, dédaigneuse.

– Elle a vu les pièces de la comédie italienne, expliqua la mère.

John prit l’air contrit :

– Excuse-moi.

Puis il proposa à la mère de la fillette :

– Vous pouvez me la confier ? Disons… une heure.

– Elle va vous gêner.

– Elle verra que la chanson, c'est un vrai métier, qu'il faut apprendre la musique, la danse, sans compter tout le reste.

– On y va ? s'impatienta Sophie en attrapant la main de John.

Sa mère capitula :

– Je viendrai la chercher à onze heures, d'accord ?

– Pas de problème, dit John.

Pilotant la fillette, il lui fit visiter tous les étages, même le Jardin du ciel, où l'on installait les décors de *Minos* pour la représentation du surlendemain. Sophie regardait tout avec émerveillement, surtout les salles de chant et de musique. La dernière était inoccupée. John se mit au piano :

– Tu veux chanter ?

Marion caressa la tête blonde de Sophie :

– Je te laisse avec ta nounou. On se retrouve au théâtre.

Pendant quelques minutes, le jeune Américain joua pour la fillette, notamment les chansons de Lorie, étonné de découvrir qu'elle les savait par cœur. Puis il la conduisit à l'étage au-dessous. Bertrand la regarda, étonné :

– Qui est cette enfant ?

– Je suis chanteuse, dit Sophie.

Le professeur hocha la tête avec considération :

– Dans ces conditions, installe-toi et regarde : tu me donneras ton avis de professionnelle à la fin.

Tandis que Bertrand gagnait son siège, Léo Thalès, l'auteur de la pièce, surgit, tout essoufflé. Il serra la main de John et planta un baiser sur la joue de Sophie, qui s'essuya.

– Où on en est ?

John lui montra la scène, que José arpentait en maugréant :

– Toutes les filles sont dingues, mais ces deux-là battent les records… Je ne sais pas ce qui me retient de les larguer, l'une et l'autre… Si, je sais, elles sont belles, chacune dans son genre. Elles en profitent, les garces !

Il se mit à crier :

– Julie ! Véra !

Julie parut, de mauvaise humeur :

– Julie ou Véra ? Il faudrait savoir !

– Je te cherchais.

– C'est pour ça que tu appelais ma sœur ?

– Je pensais qu'elle saurait te trouver.

– Véra me trouve toujours quand elle me cherche !

La pièce continuait par la rencontre et la dispute des deux sœurs qui se lançaient des répliques venimeuses bien qu'elles fussent incapables de se passer l'une de l'autre. Sophie riait comme une folle. Quand le rideau retomba, Bertrand Vickers exprima sa satisfaction :

– C'est mieux, beaucoup mieux ! On sent que vous avez travaillé. La complicité des deux sœurs est perceptible sous la colère. Toi, Mélanie, attention à ta dernière réplique : « Il y a pire qu'une sœur : un faux frère ! » Il faut regarder Sylvain en disant ta réplique, sinon on pense qu'il s'agit de Julie.

Il se tourna vers Sylvain :

– Toi, n'oublie pas ton rôle de victime. Tu joues au macho, mais ta comédie ne prend pas. La furie des deux sœurs t'emporte. Elles s'amusent avec toi. Tu es un pantin, et tu ne t'en rends pas compte. Tu es trop amoureux pour ça et, pour ton malheur, tu les aimes toutes les deux. Attention aussi à la position du corps. Ne te penche pas en avant chaque fois que tu cries. Ce sont des détails.

Il se tourna vers Léo :

– Qu'en dit l'auteur ?

– J'aime, dit Léo, mais vous avez oublié le serment de José : « Jamais plus je n'aimerai, etc. »

– J'ai supprimé la tirade, dit Bertrand. Elle n'était pas dans l'esprit du dialogue, et n'apportait rien à l'intrigue.

Il s'adressa à Sophie :

– Et toi, qu'est-ce que tu en penses ?

La fillette pinça les lèvres :

– Super ! J'ai vraiment cru qu'elles se disputaient.

– Mais elles se disputent !

Sophie secoua ses tresses blondes :

– Elles jouent !

Devant son air péremptoire, ils éclatèrent tous de rire.

– Tu es drôlement futée, tu sais ! dit John. Tu iras loin. En attendant, tu vas retrouver ta maman.

La petite fille poussa un grand soupir :

– Déjà ?

Elle le suivit à contrecœur. Puis, lorsqu'elle vit sa mère derrière les grilles de l'académie, elle se précipita et la submergea d'un déluge de paroles.

– Je crois qu'elle a trouvé sa voie, dit la femme en riant. Comme c'était gentil à vous !

En les regardant s'éloigner, enlacées, John apprécia la silhouette de la jeune maman :

– Jolies jambes !

Marion lui lança un regard réprobateur :

– Je comprends pourquoi tu étais si paternel !

– Je comprends pourquoi tu incarnes si bien Julie, langue de vipère ! répliqua John en riant.

Chapitre 20

L'Art School ressemblait à un immense vaisseau, amarré à quai, la nuit, prêt à partir pour une merveilleuse croisière. Le bâtiment était obscur et silencieux, sauf le toit suspendu entre la terre et les nuages sous les feux des projecteurs.

Mélanie s'inclina devant le public, qui applaudissait à tout rompre. *Minos* récoltait un triomphe. L'unique tribune regorgeait de journalistes et de célébrités. En mettant le pied sur la scène ronde, au milieu des décors multicolores conçus par Mike Bernardt, la jeune fille avait cru mourir de trac. D'autant plus qu'elle venait d'apprendre que David Kazan présidait la soirée en compagnie d'un producteur d'Hollywood et d'un illustre réalisateur. Puis sa peur s'était dissipée, et la magie du spectacle l'avait emportée.

En regagnant les vestiaires aménagés à l'étage au-dessous, Mélanie avait l'impression d'avoir des ailes.

– Tous, vous avez tous été magnifiques. Je suis fière de vous, de toi en particulier, dit Armèle en la serrant dans ses bras.

– Une vraie pro ! confirma Laurent.

Chanteurs, danseurs et musiciens riaient et s'embrassaient.

– Vous avez vu ces journalistes ? s'écria Clara, tout excitée. Canal +, TPS, *Libé, Le Monde...*

– *Cinélive, Studio, Première, Télérama...*, récita Joël. M. Kazan a bien fait les choses !

Mélanie sourit au jeune danseur, son partenaire qui incarnait *Minos*.

– À propos de *Télérama*, vous avez vu ça ? s'écria Rémy en faisant irruption dans les vestiaires.

Il brandit le dernier numéro du magazine. La couverture montrait le ravissant visage de Marion Revzany, accompagné du titre : « Marion Revzany. À 17 ans, la jeune prodige sera l'héroïne de *Tennessee*, le nouveau film de Jack Barron. »

À l'intérieur, sur une double page, s'étalait une

interview de Marion, où elle rendait hommage à l'Art School, qui lui avait tout appris.

– On peut dire qu'elle cache bien son jeu, la vache ! grogna Rémy avec rancune.

Armèle se pencha affectueusement vers Mélanie :

– En tout cas, n'oublie pas que cette soirée est la tienne.

Elle se tourna ensuite du côté de Laurent et demanda à voix basse :

– Tu étais au courant, toi ?

– Une rumeur, je ne l'ai pas crue. Martha non plus, du reste.

– Vous auriez pu m'en parler ! soupira Armèle.

Elle claqua dans ses mains :

– Dépêchez-vous de vous habiller pour le cocktail ! Mme Ferrier vous attend pour son discours.

– Mes bien chers enfants, merci de m'avoir procuré une joie extrême, déclama Joël, parodiant la voix de la directrice.

En riant, ils ôtèrent en hâte leurs costumes de scène et endossèrent leurs habits de soirée. La robe bleu nuit de Mélanie, courte et légère, mettait en valeur son corps menu et ses cheveux blonds.

– Vite !

Armèle bousculait sa troupe. Ils escaladèrent

prestement l'escalier du Jardin du ciel et se faufilèrent parmi les étudiants rassemblés devant l'estrade.

Ce n'était pas Martha, mais David Kazan, qui tenait le micro.

– C'était un magnifique spectacle, dit-il. Je l'avais vu à Broadway, sur une scène gigantesque, et je me demandais ce qu'il deviendrait dans l'espace si beau, mais si réduit du Jardin du ciel. Encore une fois, vous m'avez étonné et charmé. Bravo à Mélanie Forestier, Joël Barratier, Gilles Brancusi, Martine Estevan, Janice Garnier, Cyril Maillard pour les décors, Jef Marini pour la mise en scène.

Mélanie fut stupéfaite de l'entendre citer les noms de tous les participants sans avoir recours à aucune note. La suite du discours l'étonna encore davantage :

– *Minos* est une réussite, certes, mais j'aurais aimé assister à un spectacle entièrement conçu à l'Art School. Il faut créer. C'est l'objectif de l'école, celui de la fondation Kazan et de DKS. Pour mener à bien cette mission, j'ai décidé d'accorder une aide supplémentaire à l'homme le plus capable de bousculer les habitudes, de stimuler les imaginations et de découvrir de nouveaux talents. Cet homme, c'est Jason Masur. Mme Ferrier devra mettre l'Art School à son service avec toute l'autorité qui est la sienne, et

Jason travaillera directement avec les auteurs des projets en leur accordant les moyens de les réaliser.

Armèle et Laurent échangèrent des regards consternés. Ce brusque retour en grâce de Jason signifiait le désaveu de leurs propres méthodes. Et il recueillait les suffrages des étudiants, qui applaudissaient frénétiquement. Martha elle-même semblait l'approuver, car elle prononça quelques mots avec un sourire radieux qui laissait penser qu'elle avait cédé à la pression de la majorité des professeurs en renvoyant le directeur artistique, pour intercéder ensuite en sa faveur.

Les discours prirent fin. Un présentateur de TF1 posa quelques questions sur l'avenir de l'Art School. Mélanie, qui espérait être la vedette de la soirée, était déçue de constater qu'au regard des médias elle n'était qu'une étudiante parmi d'autres.

Puis David et ses invités quittèrent la tribune pour gagner le sud de la terrasse, qui dominait les illuminations de Paris. Ils vinrent se placer de chaque côté d'une fille qui souriait aux caméras. En reconnaissant Marion, Mélanie ne put s'empêcher d'admirer le charme de son amie et l'aisance avec laquelle elle répondait aux journalistes.

– Quelle impression cela fait-il d'être choisie, parmi des milliers de candidates, pour incarner le personnage de Judith ? demanda la chroniqueuse de *Cinélive.*

Marion sourit :

– C'est un rêve. Il me semble que je vais me réveiller et me retrouver sur les bancs de l'académie.

– Pourquoi choisir une Française pour incarner une héroïne américaine ?

– Ça, il faut le demander à M. Barron.

– La réponse est simple, dit Jack Barron dans un français très correct : nous voulions une inconnue. Il nous fallait une comédienne, chanteuse et danseuse, la perle rare ! Pour la découvrir, nous avons auditionné des centaines et des centaines de candidates, comme vous le savez. Jusqu'au jour où, à l'occasion d'un voyage à Paris, David m'a parlé de Mlle Revzany. Après l'avoir vue en scène durant quelques minutes, j'ai su que j'avais trouvé Judith.

Henry Bensimon, de *Grand Écran*, s'adressa à Marion :

– J'imagine que cette audition a dû être pour vous un grand événement ?

La jeune fille secoua la tête en riant :

– J'ignorais que M. Barron était dans la salle ! Sinon, je me serais évanouie… Ce jour-là, j'interprétais des extraits d'*Horus*, un spectacle auquel je travaillais avec un groupe d'étudiants. Quelques jours après la représentation, on m'a dit : « Jack Barron est venu te voir danser. » Je ne l'ai pas cru !

– Et ce spectacle, à quoi ressemblait-il ?

– C'était l'ébauche d'un opéra-rock sur un thème onirique, expliqua Marion. Un oiseau merveilleux, tué par des chasseurs, revient sur Terre pour se venger des hommes.

– Très intéressant, dit Jack Barron.

Marion sourit avec reconnaissance :

– Ce compliment revient aussi à mes amis qui ont travaillé avec moi.

Elle fit signe à John, Karim et Théo. Les deux premiers la rejoignirent. Comme Théo restait à l'écart, elle alla le prendre par la main pour l'amener devant les caméras.

– C'est ça, l'Art School, dit-elle avec émotion : l'amitié, le rêve, l'audace… Les plus belles années de ma vie.

À cet instant, voyant Mélanie isolée et désemparée, elle se précipita vers elle et la serra dans ses bras, puis fit face avec elle aux journalistes :

– Et voici l'amie sans laquelle je n'aurais pas eu la chance de connaître cette incroyable aventure. Pendant quatre ans, Mélanie et moi, nous avons travaillé, chanté, dansé, joué ensemble. Nous nous sommes aimées, fâchées, détestées, réconciliées, admirées. Elle m'a imitée, je me suis inspirée d'elle. C'est une grande artiste. Merci, Mélanie.

Quand Marion l'embrassa, Mélanie constata que le visage de sa rivale ruisselait de larmes. « Comédienne ! pensa-t-elle. Elle nous interprète le rôle de l'amie passionnée ! »

Une fois de plus, elle lui volait le premier rôle ; mais avec quel talent !

Elle sentit couler ses propres larmes. Sans Marion, elle aurait peut-être été la vedette de l'école, mais jamais ces quatre années ne lui auraient apporté autant d'exaltation et de plaisir.

FIN

Art School

1. L'école des stars
2. Un rôle pour trois
3. Née pour chanter
4. Pianiste dans l'âme
5. Fin de rêve
6. Mauvais rôle

Impression réalisée sur CAMERON par

BRODARD & TAUPIN

GROUPE CPI

La Flèche
en août 2005

Imprimé en France
N° d'impression : 31027